KB213754

내 식습관이 어때서!

글 김은정 | 그림 김은경

파란정원

먹는 일은 우리가 살면서 느낄 수 있는 가장 큰 행복 가운데 하나라고 해요. 친구들은 어떤 음식을 좋아하나요? 아마도 아이스크림, 떡볶이, 치킨, 햄버거, 과자처럼 달고, 맵고, 감칠맛이 강한 자극적인 음식들이겠지요. 이렇게 친구들이 좋아하는 음식들은 쉽게 먹을 수 있다는 뜻에서 패스트푸드라고 해요.

이런 패스트푸드는 많은 사람이 동시에 좋아해야 하기 때문에 더 달고, 더 맵고, 더 감칠맛 나는 재료들을 첨가해요. 그래서 이런 음식들을 많이 먹으면 비만이 되거나 생활습관병에 걸릴 수 있어요.

또 나쁜 식습관으로 건강을 해치면 키도 크지 않고, 몸이 약해져 재미있게 놀 수도, 공부를 제대로 할 수 없게 되지요. 그래서 우리 친구들에게 가장 중요한 것이 바르게 먹고 건강하게 자라는 거예요.

그렇다면 건강해지기 위해 친구들은 무엇을
해야 할까요? 맞아요. 잘 먹고, 열심히 운동
하고, 규칙적인 생활을 하면 돼요. 그 중에서
도 잘 먹는 것이 가장 기본이랍니다.
자, 그럼 지금부터 슈퍼튼튼박사와 맛있는 습
관 여행을 시작해 볼까요.
"맛있는 습관 속으로 출발!"

슈퍼튼튼박사 김 은 정

● 차 례 ●

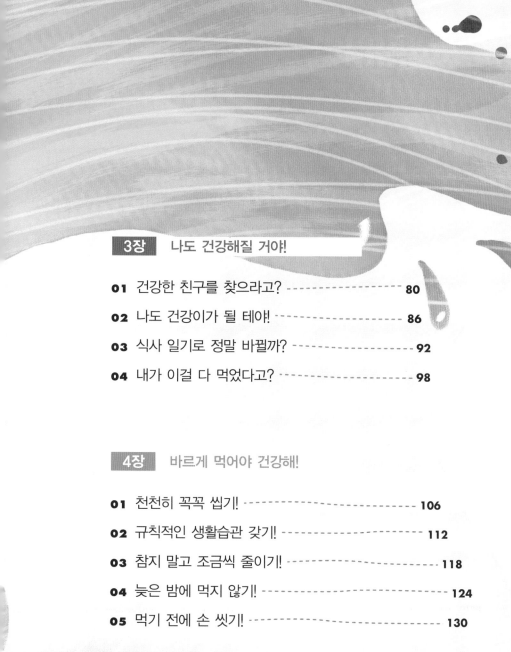

왜 잘 먹어야 할까요?

몸은 매일매일 에너지를 필요로 해요. 더구나 키도 쑥쑥, 몸도 튼튼하게 자라야 하는 성장기에는 다른 시기보다 더욱 많은 에너지가 필요하지요. 지금 내가 어떤 음식을 먹느냐에 따라 키가 달라지고 체형이 달라져요. 바로 미래의 '나'를 만드는 거예요. 씩씩하고 건강한 미래의 '나'가 되기 위해 꼭 잘 먹어야 해요.

편식은 왜 나쁠까요?

편식은 특정한 음식만 좋아하는 습관이에요. 편식하다 보면 영양분을 골고루 섭취하지 못해 키가 잘 크지 않거나 비만이 되기 쉬워요. 또 면역이 떨어져 감기에 자주 걸리거나 허약해져 제대로 놀 수 없지요. 바로 내 몸이 제대로 성장할 수 없는 거예요. 골고루 잘 먹어야 건강해진다는 사실 잊지 마세요.

채소는 먹기 싫어요

채소는 맛없다는 생각부터 버려야 해요. 선입견이라는 말 알죠? 해보지도 않고 생각이 앞서는 걸 말해요. 어떤 음식이든 선입견을 버리고 먼저 먹어보는 거예요. 선입견을 버리면 채소의 아삭함에 놀라고, 채소 자체가 가진 싱싱함에 놀랄 거예요. 오늘부터 선입견을 버리고 먹어 봐요. 그리고 먹으면서 외쳐 봐요. "맛있다!"

건강한 식습관을 들이고 싶어요

건강한 '나'는 잘 먹고 적당한 운동을 하면 누구나 가질
수 있는 보물이에요. 하지만 그 보물을 얻기 위해서는 그
만큼 노력이 필요해요. 보물을 찾기 위해 여행을 하듯 건
강한 내 모습을 상상하며 나쁜 습관들을 바꾸는 거예요.
그리고 '나는 멋지다.'라는 주문을 외면 더욱 빨리 보물
을 찾을 수 있답니다.

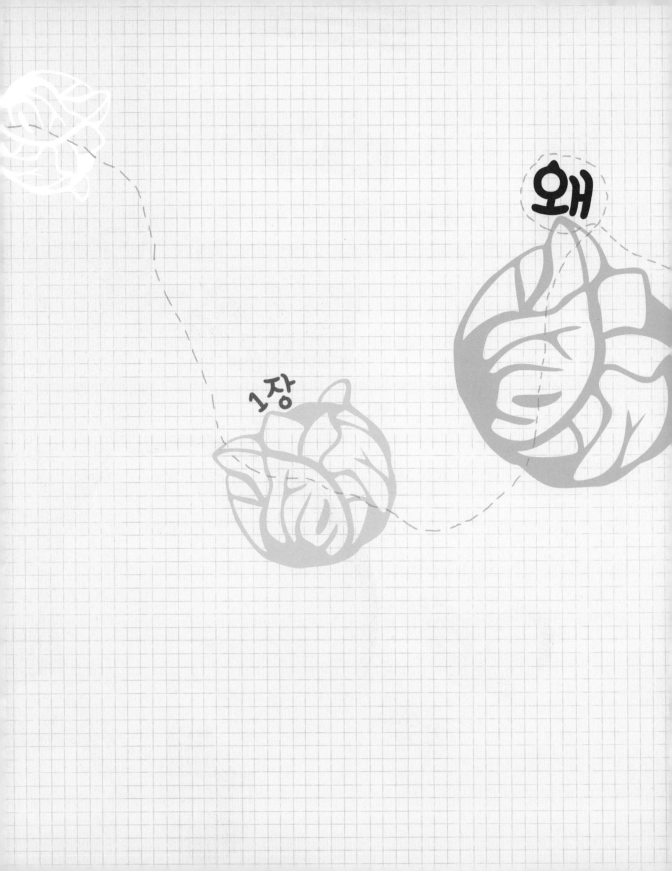

1장

왜

1. 하루 세끼가 필요할까?

"다들 일어나, 아침 먹자! 여보, 식사해요!"

나는 하루 가운데 이 시간이 제일 싫다. 더구나 오늘처럼 달콤한 꿈이라도 꾼 날은 정말이지 일어나고 싶지 않다. 꾸물꾸물, 들썩들썩. 그러다 휘리릭 몸을 뒤집어서 엉덩이를 하늘까지 올리고는 다시 잠이 들었다.

"아침 안 먹어? 지원아, 넌 누나가 돼서는 그럴래? 창민이 너도 안 일어나!"

"알았어. 일어난다고, 일어나."

난 도저히 더 잘 수가 없었다. 꾸역꾸역 밀려오는 잠

이랑 같이 식탁에 앉았다. 아빠는 벌써 식사를 하고 계셨다.

휘익~. 한눈에 봐도 맘에 드는 반찬이 없다. 매번 먹기 싫은 반찬으로 세끼를 꼬박꼬박 먹는다는 건 정말 짜증나는 일이다.

"엄마, 이게 다야? 햄 없어요?"

"반찬 투정하지 말고 그냥 먹어!"

엄마는 반찬 투정을 제일 싫어한다.

'치, 매일 먹는 밥이 뭐가 그리 대단하다고……'

나는 콩나물무침, 조개미역국, 삶은 브로콜리 같은 반찬이 정말 싫다. 숟가락 들 기운도 없는데, 고기도 없는 밥을 어떻게 먹으라고…….

'뭐 먹을 게 있어야 먹지.'

난 젓가락으로 밥을 이리 뒤적 저리 뒤적 했다.

"윤창민, 너 식사 예절이 그게 뭐야!"

헉, 아빠가 보고 있었구나. 나는 깜짝 놀라 의자를 끌어당겨 앉았다. 그리고는 최대한 맛없는 표정으로 밥을 먹기 시작했다. 누나는 그제야 일어나 기지개를 켜며 말했다.

"엄마, 난 아침 안 먹어. 이따 학교 가서 점심이나 먹을래. 입맛도 없고 늦었어."

친구들은 매번 식사를 챙겨 먹어야 하는 걸 귀찮다고 생각할지도 몰라요. 특히 잠도 덜 깬 아침은 더욱 그렇지요. 밥보다 잠이 좋다며 그 시간에 잠을 자는 친구도 있을 거예요. 때때로 좋아하는 반찬이 있을 때만 아침을 먹는 친구도 있고요.

그렇다면 먹고 싶을 때만 식사를 해도 되는 걸까요? 만약 식사를 제때 먹지 않으면 어떻게 될까요?

추운 겨울, 아침을 먹지 않고 등교한 적이 있나요? 혹시 학교 가는 길이 유난히 춥다고 느껴지지 않았나요. 그건 아침을 먹지 않아 체온을 유지해 줄 에너지가 부족했기 때문이에요.

또, 학교에 도착해서도 마음과 달리 졸음만 쏟아지고, 괜스레 머리가 무겁고 피곤한 것도 뇌에 필요한 영양분을 섭취하지 못해 뇌가 아직 잠에서 깨어나지 못했기 때문이지요. 즉, 식사를 제때 하지 않아 우리 몸을 움직이게 할 에너지가 부족한 거예요.

자, 이제 이유를 알았으니 하루 세끼로 에너지를 보충해 볼까요!

식습관 들이기

1 늦어도 식사 30분 전에 일어난다

잠에서 깨자마자 먹는 아침은 절대 맛있을 수 없다. 최소 식사 30분 전에는 일어나 등교 준비나 아침 독서 등으로 잠을 완전히 깬 후 먹는다.

2 학교 급식으로 나오는 음식은 남기지 않는다

좋아하는 음식이 아니더라도 제공된 음식은 모두 먹도록 한다. 싫어하는 음식은 조금씩 먹는 양을 늘려 익숙해지도록 노력한다.

3 간식은 간단히 먹는다

지나치게 열량이 높거나 많은 양을 먹으면 저녁 식사에 영향을 주게 된다. 우유, 과일, 치즈처럼 부족하기 쉬운 영양소를 가진 간단한 음식을 먹는다.

4 저녁은 7시 전에 먹고, 과식하지 않도록 한다

저녁을 너무 늦게 먹거나 과식을 하게 되면 편안한 잠을 이룰 수 없다. 잠들기 3시간 전부터 음식을 되도록 먹지 않도록 한다.

색깔로 먹는 건강 간식!

빨강 사과, 수박, 토마토, 딸기, 고추, 대추, 오미자

빨간색을 내는 리코펜과 안토시아닌 성분은 심장을 튼튼하게 하고, 기억력을 좋게 한다.

주황/노랑 파인애플, 귤, 오렌지, 감, 골드 키위, 호박, 옥수수, 고구마

주황색이나 노란색을 내는 카로티노이드와 바이오플라보노이드 성분은 면역력을 강화하고, 시력을 좋게 한다.

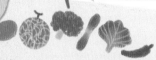

초록 키위, 멜론, 사과, 청포도, 브로콜리, 시금치, 오이, 고추, 양상추

초록색을 내는 루틴과 안돌 성분은 엽록소가 풍부하여 피로 회복과 뼈를 튼튼하게 한다.

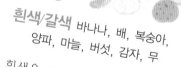

흰색/갈색 바나나, 배, 복숭아, 양파, 마늘, 버섯, 감자, 무

흰색을 내는 알리신과 안토크산틴 성분은 심장을 튼튼하게 하고, 항바이러스 작용을 한다.

보라/파랑 포도, 자두, 블루베리, 가지, 복분자, 보라 양배추, 보라 양파

보라색을 내는 안토시아닌과 페놀릭 성분은 기억력을 좋게 하고, 항염 및 항균 작용을 한다.

2. 난 먹고 싶은 것만 먹을래!

"엄마, 학원 다녀왔습니다. 배고파요, 밥 주세요."

내가 가장 좋아하는 시간은 바로 저녁 식사 시간이다. 저녁 때는 주로 내가 좋아하는 고기반찬이 있다. 불고기, 삼겹살, 돈가스 등등 그 가운데서도 나는 엄마가 만들어주는 돈가스가 유난히 좋다. 바삭바삭하고 고소한 고기 맛이 정말 끝내주기 때문이다.

돈가스만 있으면 다른 반찬에는 손을 댈 필요가 없다.

"응, 다 됐어. 얼른 손 씻어."

"엄마, 약속대로 돈가스 했지? 언제 돼? 배고파요."

난 배고픈 건 정말 참을 수가 없다. 잠깐이라도 참으려면 뭐라도 먹어야 할 거 같다. 아, 아이스크림이 있었지.

"창민아, 손은 씻어야지."

"아, 맞다!"

난 엄미 밀이 끝나기도 전에 화장실로 갔다. 뭐 손 씻는 것쯤이야. 세면대 수도꼭지를 틀어 줄줄 흐르는 물에 손을 한 번 쓱 대고 나오면 된다.

"깨끗하게 씻은 거야?"

"그럼, 깨끗하지. 아이스크림 먹어도 되죠?"

그 사이 엄마는 식탁을 차리고 계셨다. 사과 드레싱을 끼얹은 샐러드, 시금치나물, 김치……. 어라? 돈가스는?

"엄마, 돈가스는요?"

"여기 있어. 일주일에 몇 번을 먹는데도 그렇게 좋아?"

"네! 정말 맛있어요."

"오늘 아빠는 늦으신다니까 우리 먼저 먹자. 누나 좀 불러올래?"

우물우물, 내 입속은 벌써 돈가스 조각들로 꽉 찼다.

"네~"

"누우 - 나, 밥먹어."

방에서 나오던 누나가 또 한마디 한다.

"너 또 고기 먹니? 아유, 난쟁이 똥자루. 너 그렇게 고기만 먹다간 똥꼬가 막힐 거야. 두고 봐, 윤창민!"

"누나! 남의 약점 자꾸 건드릴 거야!"

아무리 그래도 난 돈가스가 세상에서 제일 좋다.

사실 먹고 싶은 음식만 먹고 살아도 아무 문제가 없다면 다들 그렇게 하고 싶을지도 몰라요. 하지만 그러면 안 된다는 건 여러분이 더 잘 알 거예요. 잘 모른다고요? 그럼 내가 설명해 줄게요.

우리 몸은 직접 느낄 수 없지만 매일매일 새로 만들어지고 있어요. 매일 키도 크고, 머리카락도 자라고, 손톱도 자라죠. 하지만 우리 몸은 이렇게 눈에 보이는 것보다 보이지 않게 변하는 것이 더 많아요.

몸을 지탱해주는 뼈부터 힘을 내는 근육, 온몸 구석구석을 흐르는 혈액 등 어느 것 하나라도 빠지면 제대로 돌아가지 못해요. 서로 맞물려서 완벽한 모습이 되어야 아프지 않고 건강하게 지낼 수 있지요.

그런데 뼈와 근육 그리고 혈액을 만드는 재료가 모두 달라요. 근육이나 장기에 필요한 에너지원은 단백질과 지방이 만들고, 피는 철분 그리고 뇌가 똑똑해지려면 포도당이 필요하지요.

이렇게 서로 다른 에너지원이 있어야 우리 몸이 건강해질 수 있어요. 더욱이 성장기인 친구들에게는 더욱 중요하답니다.

균형 잡힌 식사를 돕는 식품구성탑

5층 유지 및 당류

힘을 내고 체온을 유지해 준다.
많이 먹으면 비만과 충치가 생겨요!

4층 우유 및 유제품

뼈와 이를 튼튼하게 하고 성장을 돕는다.
적게 먹으면 뼈가 약해져 성장이 늦어져요!

3층 고기, 생선, 달걀, 콩류

피와 살을 만들고 뇌의 발달을 돕는다.
적게 먹으면 오랜 시간 공부와 운동을
할 수 없어요!

2층 채소 및 과일

우리 몸의 기능을 조절한다.
적게 먹으면 피로하고 무기력해져요!

1층 곡류 및 밀가루

우리 몸에 필요한 힘을 만든다.
많이 먹으면 뚱뚱해져요!

(사)한국영양학회

기름은 음식을 만들 때 조금씩 들어가기 때문에 따로 섭취할 필요가 없다.

오늘 난 뭘 먹었지?

★ 오늘 먹은 음식을 식품구성탑에 맞게 나누어 써 보면 균형 잡힌 식사를 했는지 알 수 있답니다.

  3. 소화가 뭐야?

"야! 윤창민. 너만 입이야? 좀 천천히 먹어."

누나는 왜 저렇게 까칠한지 모르겠다. 자기도 나처럼 열심히 먹으면 되지, 남 먹는 걸 가지고 만날 타박이다. 그래도 누나랑 같이 먹는 게 좋다. 왜냐하면, 누나는 고기를 별로 좋아하지 않는다. 누나 걸 먹으려면 조용히 있는 게 낫다.

"알았어, 알았다고."

"엄마, 우리 고기 너무 자주 먹는 거 아냐? 난 진짜 별로야."

나는 사실 이해가 안 간다. 이렇게 맛있는 고기가 왜 싫은 걸까?

"누나, 누나는 고기가 그렇게 싫어?"

"뭐, 좀 고소하긴 하지만 너무 오래 씹어야 하잖아. 귀찮기도 하고, 아주

맛있지도 않고."

"그럼 누나는 뭐가 맛있어?"

"난 빵이 정말 좋아. 달콤한 딸기잼에 하얀 생크림을 얹어 먹는
거 말이야. 그리고 아삭아삭한 양배추샐러드가 정말 좋아."

"치, 채소가 뭐가 맛있어. 뭐 잼이야 좋지만……."

"너처럼 덜렁대는 애가 뭘 알겠니? 숙녀는 이렇게 질겅질겅 안
씹어."

"그럼, 누나 거까지 내가 먹을게. 그래도 되지?"

"그래라."

나는 누나 마음이 바뀌기 전에 다 먹어야 했다. 그래서 입에 넣는
속도가 더 빨라졌다. 다른 반찬은 보지도 않고 돈가스만 집어먹었
다. 드!디!어! 접시가 비었다.

"엄마, 다 먹었어요. 나 화장실."

"아휴, 쟤는 꼭 밥 먹을 때 저러더라."

누나는 입을 뾰족하게 내밀었다.

으~윽, 끄응.

슈퍼 튼튼 박사의 한마디

우리 몸에 필요한 에너지를 만드는 데 가장 많은 역할을 하는 것은 바로 탄수화물이에요.

탄수화물의 가장 작은 단위인 포도당이 바로 에너지원이 되는데, 탄수화물 덩어리인 밥이 포도당이 되는 과정을 우리는 소화라고 해요. 그래서 소화가 제대로 이루어지지 않으면 제대로 영양소들이 활동할 수도 없게 되지요.

잘 먹는 것도 중요하지만, 더 중요한 건 소화를 잘 시키는 거예요. 입속에 들어간 음식물은 윗니와 아랫니를 통해 잘게 부서져 위에 도착하고 그러면 본격적으로 소화가 시작돼요.

위에서 죽처럼 흐물흐물 녹아 소장으로 넘어가면, 소장에서 영양분이 흡수돼요. 그리고 남은 찌꺼기가 몸 밖으로 나오는데 이게 바로 똥이랍니다.

Tip

소화 과정	입	→	식도	→	위	→	소장	→	대장	→	항문
	(2초)		(10초)		(3시간)		(5시간)		(12시간)		

음식물은 어떻게 소화가 될까?

입
음식물을 잘게 부수며
침과 섞는다.

식도
잘게 부순 음식물을
위로 보내는 통로

위
작은 주머니 모양으로,
위액을 분비하여
음식물을 걸쭉한
액체로 만든다.

작은창자
음식물에서 영양소를
흡수하고 분해한다.

큰창자
작은창자와 항문을
연결하며, 소화된
찌꺼기에서 수분을
흡수한다.

항문
남은 찌꺼기를
몸 밖으로 내보낸다.

32

소화가 잘 되려면 어떻게 할까?

☑ 즐거운 분위기에서 식사한다

스트레스는 소화에 나쁜 영향을 주게 되므로, 식사할 때는 즐거운 분위기에서 먹도록 한다.

☑ 충분히 씹는다

소화의 시작은 씹기에서 시작한다. 충분히 오래 씹어야 제대로 소화시킬 수 있다.

☑ 규칙적인 식사습관을 기른다

불규칙한 식사로 굶기와 폭식을 자주 하다 보면 몸의 균형이 깨져 소화가 제대로 이루어지지 않게 된다. 제대로 소화하려면 규칙적인 식사습관이 꼭 필요하다.

☑ 가벼운 운동을 한다

운동은 위 기능을 높여주고, 에너지 소모를 높여 소화를 돕는다. 그러나 식사 후 바로 하는 운동은 오히려 소화를 방해한다.

4. 왜 이렇게 무겁지?

이상하게 텔레비전을 보면, 배부르게 저녁을 먹었어도 입이 궁금해진다. 엄마는 내가 텔레비전을 보면서 과자 먹는 걸 정말 싫어하지만, 만화영화를 보면서 먹는 과자만큼 맛있는 건 없다.

엄마가 방에 계신 걸 확인하고 감자칩 한 봉지와 도넛 두 개를 깔끔하게 먹어 치웠다. 입가심으로 음료수 한 병까지. 봉지를 분리수거통에 넣는 것으로 뒤처리까지 완벽하게 끝냈다. 완전범죄다.

"창민아, 과일 깎아줄까?"

"네~."

엄마는 내가 과자 한 봉지에 도넛 두 개, 음료수 한 병까지 해치운 걸 절대 모르실 거다.

"누나, 과일 먹자."

"안 먹어, 벌써 8시야. 넌 또 먹니?"

싫으면 관두서, 내가 나 먹으면 되니까. 누나는 왜 저렇게 먹는 거에 불만이 많은지 모르겠다.

'띵똥' 아빠다. 오호, 아빠 손에 통닭 봉지가

들려 있다.

"당신은 이렇게 늦게 웬 통닭을 사와요?"

"집 앞에서 노부부가 통닭을 파네. 어찌나 맛있어 보이던지, 애들 생각이 나서……."

"아빠, 짱!"

내 입에서는 벌써 군침이 돌기 시작했다. 기름기 쏙 빠진 훈제치킨이라 더 맛있다.

"너무 늦었으니 조금만 먹어야 한다."

난 엄마 말에 고개를 끄덕이면서도 손은 쉴 새 없이 움직였다. 닭다리 두 개에 통통한 가슴살 두 조각을 먹은 후에야 난 자리에서 일어섰다.

"잘 먹었습니다. 안녕히 주무세요."

이를 닦고 잠자리에 누웠지만, 배가 불러 잠이 오질 않았다. 책도 뒤적여 보고, 방안도 왔다 갔다 한 후에야 겨우 잠이 들었다.

"창민아, 안 일어나!"

난 오늘도 늦잠을 잤다. 그런데 몸이 왜 이렇게 무겁지?

창민이는 왜 아침마다 일어나기 어려울까요? 그건 바로 깊은 잠을 자지 못해서예요. 종일 피곤했던 몸을 편하게 쉬면서 에너지를 충전하려면 밥만큼 중요한 게 잠이에요.

그런데 잔뜩 먹고 바로 잠자리에 들면 위 속에 음식이 그대로 남아 편안한 잠을 방해하게 돼요.

또, 늦게 먹은 음식들이 제대로 소화되지 못했으니 하루 식사 중 가장 중요한 아침밥도 거르거나 대강 먹게 되고, 결과적으로 몸은 에너지가 부족해 원활하게 움직일 수 없게 되는 거예요.

저녁에 음식을 먹을 때는 잠자리에 들기 3시간 전부터 음식을 먹지 않도록 하고, 늦어도 10시에는 잠자리에 들도록 습관을 들이는 것이 좋답니다.

Tip

왜 10시에 자야 할까?　성장호르몬은 친구들이 깊은 잠에 빠졌을 때 분비되는데, 11시부터 새벽 1시에 가장 왕성하게 분비됩니다. 그래서 늦어도 10시에는 잠자리에 들어야 키가 쑥쑥 자랄 수 있답니다.

과식을 막으려면

1 식사 일기로 그날그날 음식량을 확인한다

밥은 적게 먹는데 살이 찐다면, 식사 일기로 내가 먹은 음식량을 확인한다. 세끼 식사뿐 아니라 간식까지 꼼꼼하게 적는 것이 중요하다.

2 10분 동안만 다른 일에 집중한다

잠자리에 들기 전이나 TV를 보다 군것질이 생각날 때는 10분 정도 다른 일에 집중하면 군것질의 유혹을 이길 수 있다.

3 원인을 파악한 후 해결책을 찾는다

군것질을 하게 되는 원인을 찾는다. 집에 항상 과자, 음료, 아이스크림과 같은 군것질거리가 쌓여 있다면 되도록 사지 않도록 한다.

골고루 건강 접시 그리기

★ 오늘 먹은 음식을 곡류, 육류(생선류), 채소, 과일로 나누어 먹은 양에 따라 칸의 넓이를 조절한 후 먹은 음식을 적는다. 만약 편식이 심하다면 골고루 균형 잡힌 식사가 될 수 있도록 노력한다.

5. 내가 변비라고?

쉬는 시간 종이 울렸다. 어제 화장실에서 힘만 주다 나와서인지 뱃속이 영 안 좋다. 혹시나 하고 얼른 화장실로 달려갔지만 쉬는 시간이 끝나는 종이 울리도록 또 힘만 주다 나왔다.

'아, 뭐 좋은 수가 없을까?'

"윤창민, 너 왜 똥 마려운 강아지 같은 표정으로 그래?"

헉! 어떻게 알았지? 짝꿍인 연우 말에 난 깜짝 놀랐다. 내가 아까 몰래 뀐 방귀 냄새가 많이 난 건가?

"어, 어. 아니야. 근데, 뭐 강아지라고?"

"흐흐흐, 미안 미안. 그러게 왜 그렇게 엉덩이를 들썩들썩 거려."

아무리 친해도 방귀를 펑펑 뀔 수는 없지. 나도 자존심이 있다고! 아, 맞다. 예전에 엄마가 약을 주신 적이 있는데 그걸 먹고 시원하게 화장실에 간 적이 있었지. 좀 고생을 하긴 했지만……. 다음 쉬는 시간에는 보건실을 가야겠다.

나는 쉬는 시간 종이 울리기 무섭게 보건실로 달려갔다.

똑똑.

"들어와."

"안녕하세요, 선생님."

"어서 오렴. 어디가 아프니?"

막상 보건 선생님을 보자 입이 떨어지질 않았다.

"저, 그게요. 배가 좀 아파서요."

"배가 아파? 어디가 아픈지 좀 볼까?"

선생님은 손으로 배를 몇 군데 살짝살짝 눌러 보시더니 빙그레 웃으면서 말했다.

"몇 학년 몇 반이더라?"

"3학년 3반 윤창민이에요."

"창민이, 어제 뭐 먹었는지 말해 줄래?"

"점심은 돈가스 먹고, 저녁은 생선구이 먹었어요. 아, 저녁 먹고 나서 아빠가 치킨을 사 오셔서 먹었고요."

"그랬구나. 선생님이 보기에 창민이는 아픈 게 아니라 화장실을 못 가는 변비인 거 같은데, 맞니?"

어, 어떻게 아셨지? 갑자기 부끄러워 얼굴이 빨개졌다.

슈퍼 튼튼 박사의 한마디

창민이가 똥을 누지 못한 이유는 무엇일까요? 그건 바로 식이섬유가 부족해서예요. 김치나 채소에 풍부한 식이섬유는 소화되지 않고 장으로 가 박테리아의 활동을 도와 똥을 부드럽게 만들고, 대변량을 늘려 조금만 힘을 줘도 똥이 잘 나오게 해요.

그런데 고기만 많이 먹게 되면 수분이나 식이섬유가 부족해 소화 후 남은 찌꺼기가 단단하게 뭉쳐져요. 그래서 아무리 힘을 줘도 똥이 잘 나오지 않게 되지요.

창민이처럼 변비에 걸리지 않기 위해서는 다양한 채소와 과일 같은 섬유질이 풍부한 음식은 물론이고, 김치나 된장 같은 발효식품을 골고루 먹어 유산균이 활발하게 활동하게 해야 한답니다.

Tip

똥 방귀는 왜 뀔까?   방귀 냄새는 방귀 속 지방산과 유황 가스 때문이에요. 지방산과 유황 가스는 지방이나 단백질이 장에서 분해되면서 생기는 것으로 고기를 많이 먹을수록 냄새가 많이 나게 돼요. 또 과식이나 변비로도 냄새가 심해질 수 있답니다.

내 똥은 어떤 모양일까?

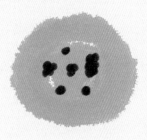

변비에 걸려 단단하게 뭉친 똥이에요. 자주 밥을 거를 때도 변비가 생길 수 있지만, 대부분 물을 적게 마시거나 섬유질이 풍부한 채소를 먹지 않았기 때문이랍니다.

골고루 먹고 제대로 소화가 잘 되어 나온 바나나 똥이에요.

상한 음식을 먹거나 오염된 음식을 먹었을 때 나오는 똥이에요. 손을 깨끗이 씻는 것만으로도 예방할 수 있답니다.

★ 영양학자들은 똥이 물에 뜰 정도로 섬유질을 많이 먹어야 한다고 해요. 친구들도 변을 본 후에 확인해 보세요.

내 똥은 어떤 모양일까?

날짜	먹은 음식	똥 모양(그림)	관찰

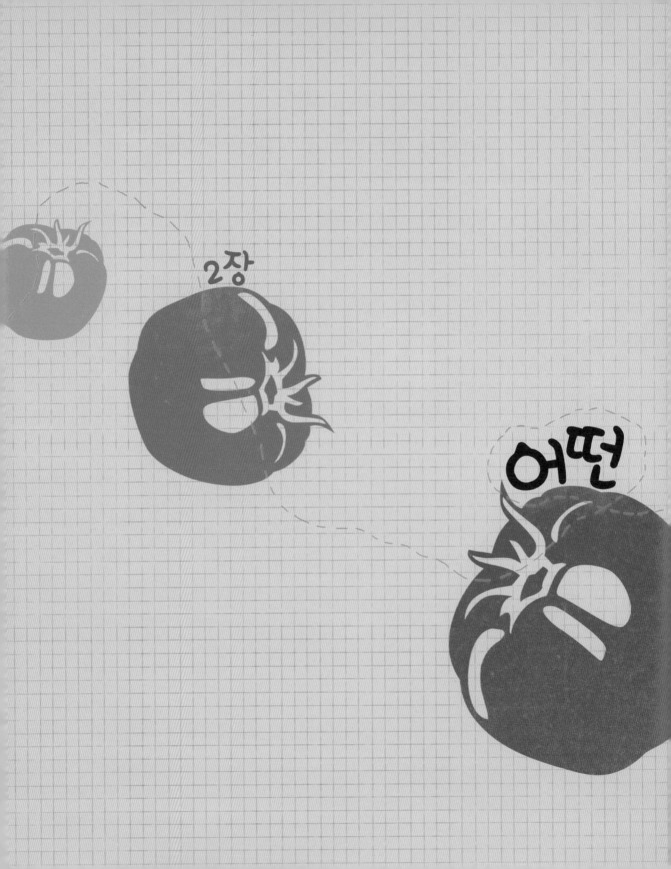

김치는 정말 싫어!

건강하고 변비도 없애려면 다른 건 둘째치고 김치를 잘 먹어야 한다는 선생님 말씀이 자꾸 귓가를 맴맴 돈다. 매일 하는 엄마 잔소리와 똑같다. 아, 진짜 먹기 싫은데……. 그렇지만 이렇게 계속 변비에 걸려 있는 건 더 싫다.

"창민아, 너 어디 갔다 왔어?"

연우가 옆구리를 쿡 찌르며 묻는다.

"어? 보건실에……."

"보건실? 너 어디 아파?"

"아니, 아픈 건 아닌데……."

에이 모르겠다. 뭐 죄를 지은 것도 아니고, 친구끼리 비밀이 있을게 뭐람? 난 연우에게 사실대로 말하기로 했다.

"사실 나 벌써 3일째 화장실을 못 갔어. 똥은 마려운데 힘을 줘도 나오질 않아."

"그래서 선생님께서 뭐래?"

"선생님께서 약보다는 먹는 습관을 바꿔보라고 하셔."

"그래? 창민아 이따 우리 집에 올래?"

"너희 집에? 왜?"

"와보면 알아."

수업이 끝난 후 난 엄마에게 이야기하고 연우네 집으로 갔다. 연우는 내가 방에 들어서자마자 공책 한 권을 불쑥 내밀었다.

"이게 뭐야?"

"식사 일기장이야."

"식사 일기? 그게 뭐야?"

"내가 작년에 쓴 거야. 사실 작년까지만 해도 나 편식 대장이었거든. 그래서 너처럼 변비에 걸려 병원까지 갔었어. 그때 간호사 누나가 식사 일기를 써보라며 내게 준거야. 식사 일기를 써보면 왜 변비가 생겼는지 알게 될 거야."

그냥 일기도 싫은데 식사 일기까지 쓰라고? 마지못해 난 식사 일기장을 받아 가방에 쑤셔넣었다.

"응. 고마워."

친구들 대부분이 김치를 싫어해요. 김치는 물론이고 채소를 먹는 것도 좋아하지 않지요. 식탁은 김치를 먹이려는 엄마와 먹지 않으려고 버티는 친구들 때문에 때때로 전쟁터가 돼요.

사실 김치는 친구들이 좋아하는 피자나 햄버거와는 완전히 다른 맛이에요. 특히 매운맛 때문에 친구들은 더욱 먹기 싫어하지요. 이렇게 먹기 싫은 김치를 엄마도 아닌 보건 선생님께서 왜 창민이에게 많이 먹어야 한다고 했을까요? 우리 그 이유를 알아봐요.

❶ 김치는 비타민이 풍부해요

김치는 배추, 무, 파, 마늘, 고추, 생강 등 다양한 재료가 어우러진 음식이에요. 그래서 옛날부터 김장을 담가 겨울에도 비타민 A, B, C 등을 비롯한 다양한 영양소를 공급받았어요.

❷ 김치는 장의 활동을 활발하게 도와요

식이섬유기 풍부한 김치는 장의 활동을 활발하게 하여 몸속에 있는 당류나 콜레스테롤 수치를 낮추고, 변비를 없애요.

❸ 김치는 생리대사를 활성화해요

고춧가루에는 캡사이신이라는 성분이 들어 있어요. 이 캡사이신은 소화를 돕고, 비타민 A와 C를 많이 가지고 있어요. 또 마늘에는 비타민 B_1의 흡수를 돕는 아리신 성분이 있어 비타민의 흡수를 돕지요.

이제 왜 김치를 먹으라고 하는지 알았나요. 무조건 '김치는 맵고 맛없어.'라는 생각을 지우고, 조금씩이라도 익숙해질 수 있도록 자주 먹으려 노력해 보는 건 어떨까요?

Tip

맛있는 김치 피자 만들기

재료 햄, 김치, 양파, 케첩, 옥수수, 또띠야, 피자치즈, 소금, 후추

❶ 햄, 김치, 양파는 잘게 다진다.
❷ 다진 양파와 김치를 볶다가 케첩을 넣어 3분 정도 더 볶아준다.
❸ 볶은 재료에 옥수수와 물을 조금 넣어 걸쭉해지도록 끓인 후 소금, 후추로 간한다.
❹ 또띠야에 김치 소스를 바른 후 햄과 피자치즈를 올린다.
❺ 전자레인지에서 피자치즈가 녹도록 10분 정도 돌리면 완성

도전! 채소 맛있게 먹기

1 고기는 채소와 함께 먹는다

고기를 좋아한다고 고기만 먹으면 식이섬유가 부족해져 변비가 생기기 쉽다. 채소쌈을 싸거나 샐러드 등과 함께 먹으면 고기만 먹을 때보다 포만감을 느낄 수 있다.

2 식사 때마다 반찬을 개인 접시에 골고루 담아 먹는다

개인 접시를 이용해 한 끼 먹을 반찬을 골고루 담아 먹는 습관을 들이면, 자신이 좋아하지 않는 채소 반찬도 담게 되어 편식을 막을 수 있다.

3 화분에 채소를 키운다

작은 텃밭을 만들거나 화분을 이용해 씨를 뿌리고, 매일 물을 주며 자라는 모습을 관찰한다. 내가 직접 키운 것이기 때문에 채소에 대한 거부감을 줄일 수 있다.

2. 치킨·피자만 먹을래!

오늘은 일요일이다. 일요일만큼은 엄마가 식구들을 깨우지 않는다. 일주일 내내 힘들었던 엄마도 일요일 하루만큼은 달콤한 늦잠을 자기 때문이다.

나? 나야 당연히 늦잠을 잔다. 오늘 새벽까지 컴퓨터 게임을 했더니 눈 뜨기가 싫다. 더 자고 싶지만 배가 너무 고프다.

식탁에서 누나랑 엄마가 토스트를 먹고 있다. 흐흐 나라고 빠질 수 없지.

"누나, 나도."

"창민아, 우유 줄까? 여기 샐러드 있으니까 같이 먹어."

엄마가 접시에 샐러드를 담아준다. 토스터에서 노릇하게 구워진 빵에 잼과 치즈, 여기에 구운 베이컨을 얹으면 정말 맛있다.

"윤창민, 엄마가 준 채소도 넣어서 먹어."

"알았어!"

누나의 잔소리에 대답만 하고, 나는 꿋꿋하게 먹고 싶은 대로 먹었다.

"어이구, 못 말려."

누나가 일어난 후에도 난 샌드위치 세 조각, 도넛 하나, 우유 한 컵까지 마시고 나서야 일어났다. 옆에서 지켜보던 엄마의 눈이 가늘게 일자로 변했다.

우리는 엄마를 따라 장을 보러 갔다. 난 엄마를 따라 대형마트에 오는 게 좋다. 따라다니면서 시식도 하고, 맘에 드는 것도 한두 개쯤은 슬쩍 카트에 밀어 넣어도 엄마가 별말씀을 안 하기 때문이다.

서둘러 돌아왔는데도 점심이 늦었다. 오늘 점심은 피자를 시켜먹기로 했다. 엄마는 밥을 먹어야 한다고 했지만 당장 배가 너무 고프다는 나한테 이기지는 못한다.

피자 네 조각을 먹고 나니 배가 부르다. 원래 식욕 같으면 여섯 조각은 먹었을 텐데 아직 화장실에 가질 못해 네 조각으로 만족해야 했다. 그나저나 이따 저녁에는 뭘 먹지? 엄마가 치킨을 시켜주면 좋겠지만 절대 그럴 리는 없겠지? 아, 치킨 먹고 싶다.

친구들 대부분이 지방이 많고 열량이 높은 음식을 좋아하는데, 대표적인 음식이 바로 라면, 치킨, 피자, 햄버거 같은 패스트푸드(즉석 음식)이예요.

이런 음식들은 대부분 자극적이고 소금기가 많아요. 또 동물성 단백질이나 지방은 많이 들어있지만, 비타민이나 무기질과 같은 영양소는 부족해 우리 몸의 균형이 깨지고, 면역력이 떨어져 자주 아프게 돼요.

또, 패스트푸드처럼 열량이 높고 지방 함량이 높은 음식은 우리 몸을 쉽게 살찌게 하므로 비만을 일으키게 해요. 요즘은 옛날보다 집이나 학원과 같은 실내에서 활동하는 시간이 많아져, 몸을 움직이며 에너지를 소비할 수 있는 운동량이 부족해 더욱 문제가 되고 있답니다.

패스트푸드 바르게 먹기

1 아침을 꼭 먹는다

아침을 거르면 패스트푸드와 같은 간식을 먹게 되어 점심에도 영향을
미치게 되므로, 아침을 꼭 먹어 허기가 지지 않도록 한다.

2 횟수와 열량을 조절한다

먹고 싶은 것을 억지로 참다 먹으면 과식하게 되므로, 일주일에 한 번
정도 날짜를 정하여 먹도록 한다.

3 샐러드와 같은 채소와 함께 먹는다

주메뉴와 함께 먹게 되는 탄산음료, 감자튀김 등을 주스나 물, 채소가
포함된 메뉴로 바꾸어 먹는다. 영양 부족을 해결할 뿐 아니라 칼로리도
낮출 수 있다.

4 식사 후 운동을 한다

패스트푸드 대부분이 고열량이 문제가 되므로 식사 후에는 과하게 섭취
된 열량을 운동으로 소모한다. 가벼운 운동은 소화에도 도움을 준다.

패스트푸드 · 인스턴트식품을 찾아라!

김밥 떡볶이

달걀

햄버거 피자

라면

핫도그

오이 당근

김치

참치 통조림

즉석 카레

고등어구이

59

🍅 ₃ 식품 첨가물이 뭐지?

　장 봐온 물건을 잔뜩 벌여놓고 엄마가 뭘 하고 계신 걸까? 아무래도 내가 집어넣은 피자가 걸린 모양이다. 뭐 하긴 엄마가 절대 모르실 거라고 생각하진 않았지만, 엄마 분위기가 좀 심상치 않다. 그동안은 그냥 냉장고에 넣어주셨는데, 오늘따라 왜 저러실까?

　난 책상 앞에 앉아서 공부하는 척을 하고 있지만, 신경은 온통 엄마한테 쏠려 있다. 이제 엄마 호출이 있을 때가 됐는데…….

　"창민아, 잠깐 이리 올래?"

　어, 생각보다 나긋하시다. 이럴 때는 최대한 빨리 가는 게 좋다.

　"네, 엄마. 왜요?"

엄마 앞에는 장 볼 때 내가 고른 과자와 컵라면들이 놓여 있다. 몇 개밖에 넣지 않았다고 생각했는데 냉동 만두, 냉동 피자, 즉석요리 제품까지 늘어놓으니 진짜 많았다.

"창민아, 이거 다 네가 고른 거야?"

"아니, 그게 이렇게 많은 줄 몰랐네. 난 간단하게 먹을 거 몇 개만 넣는다고 한 건데……."

큰 소리가 날 줄 알고 잔뜩 어깨가 움츠러들었는데, 엄마는 잠깐 물끄러미 바라보았다.

"그래, 알았어. 그런데 창민아, 이런 인스턴트식품을 많이 먹으면 어떻게 될까?"

"음, 알아. 살찌는 거. 조금만 먹을게요."

"살찌는 건 당연하고, 그것보다 더 안 좋은 게 있어."

"응? 살찌는 것보다 더 안 좋은 게 있다고? 그게 뭔데 엄마?"

"이런 인스턴트식품에는 식품 첨가물이 많단다."

"식품 첨가물이요?"

"그래, 엄마가 외식을 싫어하는 이유도 그 때문이야. 아예 먹지 말라고는 안 할게. 하지만 먹을 때는 엄마한테 말하고 먹자."

"네, 엄마. 다음에는 엄마한테 물어볼게요."

슈퍼튼튼
박사의
한마디

자연 그대로 먹을거리를 섭취하던 때와 달리 사 먹는 음식이 주가 되면서 다양한 병들이 생기기 시작했어요. 하지만 아예 사 먹지 않을 수 없으니 꼭 챙겨야 할 게 있는데, 바로 식품 첨가물이라는 거예요.

가공식품이나 우리가 즐겨 먹는 과자 하나만 해도 수종에서 수십 종류의 다양한 식품 첨가물이 들어 있어요. 대부분이 인공합성물질로 다양한 신체 이상을 가져올 수도 있고, 특히 무럭무럭 자라야 할 친구들에게는 성장에 영향을 미쳐요.

또 면역 세포를 지치게 해 감기를 달고 살게 하기도 하고, 혈액 속을 돌아다니며 직접 세포를 파괴할 수도 있어요. 물론 대부분 나라에서 먹어도 된다는 허가를 받은 것이지만 몸속에 쌓인다면 좋을 게 없답니다.

'난 하나도 안 먹을 거야!' 할 수만 있다면 정말 좋겠지만, 전혀 먹지 않는 건 쉬운 일이 아니에요. 그래서 첨가물이 최대한 적게 든 식품을 선택하거나 우리나라에서 생산된 원료로 만든 식품을 선택하는 게 좋아요.

식품 첨가물의 종류와 용도

방부제 세균의 성장을 억제하거나 방지한다

종류 소르빈산 칼륨, 벤조산나트륨, 살리실산, 데히드로초산나트륨

제품 치즈, 초콜릿, 음료수, 어묵, 단무지, 케첩, 발효유, 햄

감미료 단맛을 낸다

종류 둘신, 사이클레메이트, 사카린, 나트륨

제품 청량음료, 간장, 과자, 빙과류

착색제 다양한 색깔을 낸다

종류 타르 색소

제품 치즈, 버터, 아이스크림, 과자류, 사탕, 소시지, 통조림

팽창제 빵이나 과자를 부풀릴 때 사용한다

종류 명반, D-주석산수소칼륨 등

제품 빵, 비스킷, 초콜릿

이 외에도 산화를 억제하는 산화방지제, 색을 희게 하는 표백제, 살균하는 살균제, 냄새를 강화하는 향신료 등이 있다.

건강한 먹거리 선택하기

1 제철 농산물을 선택한다

오랜 기간 보관되기 위해서는 가공을 위한 여러 과정 속에서 영양소 손실뿐 아니라 많은 식품 첨가물이 들어가게 되므로 가공하지 않은 제철 과일, 제철 채소를 먹는다.

2 유기농 또는 무농약 마크를 확인한다

제품을 구매할 때는 식품 첨가물을 확인하는 것처럼 제철 농산물을 구매할 때는 친환경 마크를 확인한다.

3 인스턴트식품이나 패스트푸드는 되도록 먹지 않도록 한다

간단하게 끼니를 때울 수 있는 음식보다는 집에서 엄마가 정성껏 차린 식사를 하도록 한다.

Tip

식품 첨가물 제거하기

❶ 햄, 소시지, 어묵, 맛살 뜨거운 물에 2분 정도 담가둔다.
❷ 라면 끓는 물에서 삶아 건져 다른 물로 조리한다.
❸ 빵 전자레인지에 10초 정도 가열한다.
❹ 수입 과일 껍질을 세제로 깨끗이 닦는다.

4. 제철 음식이 뭐야?

"네? 지금 터미널이시라고요? 미리 연락을 주시지 그러셨어요. 지금 바로 모시러 갈게요. 어째요, 너무 오래 기다리실 텐데……. 그냥 오신다고요? 그럼 정류장으로 나갈게요."

엄마는 전화를 끊자마자 누나와 나를 불렀다.

"지원아, 창민아! 할머니 할아버지 올라오셨대! 어서 방 정리하고 엄마 좀 도와줄래?"

하지만 난 컴퓨터 게임에만 열중하며 건성으로 대답했다.

"할머니 오셨다고요? 네~!"

하지만 대답만 하고 꼼짝하지는 않았다. 집 정리하랴, 마중 갈 준비하랴 정신없이 분주하던 엄마가 한마디 했다.

"윤창민, 엄마 말 안 들려? 누나는 어디 갔어?"

"몰라요."

대답을 하면서도 눈은 컴퓨터 게임에만 멈춰 있는 나를 보고 엄마는 드디어 화가 폭발했다.

"윤창민! 컴퓨터 꺼 버리기 전에 그만 못 둬!"

"알았어요. 진짜 엄마는 만날 화만 내고……."

오랜만에 올라오신 할아버지 할머니 덕분에 아빠가 일찍 들어오셨다. 오늘 저녁은 할머니 할아버지가 직접 키워 가져오신 호박잎 쌈에 조개를 넣고 끓인 된장찌개, 가지무침, 고구마줄기무침까지 온통 제철 음식으로 가득했다.

"진짜 오랜만이네요. 어머니 아버지 덕분에 정말 맛있는 저녁 먹습니다."

물론 이건 아빠 생각이다. 난 먹고 싶은 게 하나도 없다.

"창민아, 너는 저녁 먹는 게 왜 그러냐?"

할아버지가 물었다.

"신경 쓰지 마세요, 할아버지. 쟤가 좋아하는 게 하나도 없어서 그래요."

옆에 있던 누나가 얄밉게 말했다.

"그만 먹을래요. 배 안 고파요."

할아버지는 그런 내 모습에 혀를 끌끌 찼다.

"나 원 참, 배들이 부르는구나. 이 좋은 음식들을 안 먹다니."

아빠 엄마의 얼굴이 빨개졌다.

봄 · 여름 · 가을 · 겨울 사계절이 있는 우리나라는 계절마다 자라는 식물이 달라요. 그래서 제 계절에 자란 식물을 음식 재료로 하여 만든 음식을 제철 음식이라고 해요.

친구들이 보기에는 비닐하우스에서 자란 호박이나 제철에 자란 호박이나 똑같아 보일 거예요. 그런데 왜 굳이 제철 음식이 몸에 더 좋다고 하는 걸까요?

그건 제철에 난 식물은 자연 그대로 햇볕을 쬐고, 바람을 맞고, 비를 맞으며 자신한테 딱 맞는 환경에서 자랐기 때문이에요. 또 계절이 바뀌면 우리 몸도 계절에 따라 변하는 것처럼 제철 음식은 우리 몸에 필요한 성분을 가지고 있지요.

나른한 봄이 되면 단백질이 많고 칼슘, 철분, 비타민 A 등도 많아 춘곤증을 예방하는 냉이가 자라고, 무더운 여름에는 넉넉한 수분으로 갈증을 풀어주는 수박이 자란답니다. 그러니 자연을 그대로 먹는다고 할 수 있겠지요.

월별 제철 음식

1
채소 우엉, 더덕, 당근
해산물 굴, 꼬막, 명태, 도미
과일 귤, 한라봉

2
채소 쑥갓, 시금치, 봄동, 순무, 양파, 달래
해산물 홍합, 다시마, 굴, 파래, 전복, 꼬막, 홍어,
과일 귤, 레몬

3
채소 봄동, 쑥, 냉이, 달래, 고사리
해산물 물미역, 톳, 굴, 바지락, 대합, 모시조개, 피조개, 꼬막, 임연수
과일 딸기, 금귤

6
채소 오이, 근대, 부추, 감자
해산물 흑돔, 전복, 병어, 준치, 삼치, 오징어
과일 토마토, 참외, 매실

5
채소 양파, 상추, 고구마순, 완두, 미나리, 양배추, 마늘
해산물 고등어, 홍어, 오징어, 잔 새우, 멸치
과일 딸기, 앵두

4
채소 양상추, 머위, 죽순, 쑥, 상추, 두릅
해산물 조기, 뱅어포, 병어, 키조개, 갈치, 고등어, 꽃게, 주꾸미
과일 딸기

7
채소 부추, 양상추, 가지, 피망, 애호박, 열무
해산물 장어, 홍어, 농어, 갑오징어, 병어
과일 수박, 자두, 참외

8
채소 오이, 깻잎, 풋고추, 감자, 옥수수, 고구마
해산물 전복, 성게, 장어, 전갱이
과일 복숭아, 포도, 수박, 멜론

9
채소 고구마, 토란, 느타리버섯, 당근, 풋콩, 붉은 고추, 감자
해산물 해파리
과일 배, 포도, 석류, 무화과

12
채소 산마, 콜리플라워
해산물 영덕게, 방어, 문어, 가자미, 낙지, 미역, 꼬막, 김
과일 귤, 유자

11
채소 브로콜리, 무, 파, 배추, 연근, 당근, 우엉
해산물 옥돔, 방어, 참돔, 대구
과일 배, 사과, 키위

10
채소 고추, 송이버섯, 느타리버섯, 양송이버섯, 팥
해산물 꽁치, 고등어, 청어, 갈치, 연어, 대하
과일 사과, 감, 밤, 대추

우리 집은 어떤 제철 음식을 먹을까?

아침
먹은 음식   제철 음식

점심
먹은 음식   제철 음식

간식
먹은 음식   제철 음식

저녁
먹은 음식   제철 음식

5. 건강 식단은 싫어!

벌써 이틀 내내 식탁은 완전 풀밭이다. 치킨이고 피자고 내가 좋아하는 음식은 시켜 먹을 엄두도 못 낸다. 몰래 시켜먹었다가 할아버지가 아시는 날에는 불벼락이 칠지도 모르기 때문이다. 내가 툴툴대자 엄마가 한마디 했다.

"며칠 동안 군것질도 안 하고, 제대로 밥을 먹었더니 살이 좀 빠진 것 같은데 뭐가 불만이야. 창민이 너 치킨, 피자만 좋아하다 굴러다닌다."

엄마 잔소리에 속상해진 나는 만화책이나 보려고 방으로 들어갔다. 그런데 갑자기 배에서 살살 신호가 왔다. 그제 밤에 실패한 뒤라 얼른 화장실로 뛰었다. '이번에는 제발!' 아, 그런데 오늘은 달랐다. 힘도 안 들이고 시원하게 볼일을 본 것이다.

"앗싸, 이게 웬 횡재야. 엄마, 엄마. 나 똥 눴어. 진짜 길쭉한 바나나 똥이라고!"

"정말? 다행이네. 안 그래도 병원에 가야 하나 걱정했는데. 윤창민, 잘했어. 할아버지 식단이 효과를 본 거구나?"

"할아버지 식단? 그게 무슨 말이야?"

"네가 이틀 내내 먹은 식단이지. 고기를 확 줄이고 채소까지 골고루 먹는 거. 좋은 식단으로 먹었으니 황금 똥을 누는 거야."

속이 편하니 기분까지 좋아졌다. 난 마루에 계신 할머니께 달려가 어깨를 주무르며 이야기를 나눴다. 그런데 할머니 손에 커다란 딱지가 눈에 띄었다.

"어? 할머니, 손이 왜 이래요?"

"이거? 인제 괜찮아. 지난번에 너희한테 급하게 보낸다고 더덕 캐다가 그만 손을 베었지 뭐냐. 이제 다 나았다."

난 할머니 말씀에 깜짝 놀랐다. 엄마한테 뭐 이런 걸 해주냐고 잔뜩 볼멘소리했던 기억이 나서다.

"할머니, 많이 아파요?"

"아니야, 이제 다 나았어. 엄마가 너희도 잘 먹었다고 해서 할머니 기분이 참 좋단다. 딱 제철에 난 더덕이라 몸에 좋거든."

난 고개를 들 수가 없었다. 할머니가 저렇게까지 힘들게 키워 보내신 건지도 모르고 만날 남기고 맛없다고 투정만 했다니…….

'아, 할머니 죄송해요.'

창민이가 드디어 시원하게 길쭉한 바나나 똥을 눴어요. 바로 할아버지 할머니께 맞춘 좋은 식단이 그 해답이었지요.

사람이 살아가면서 잘 자고, 잘 먹는 일만큼 중요한 건 없어요. 잘 먹는 것만으로도 건강은 물론 아픈 것도 낫게 할 수 있기 때문이에요. 채소를 많이 먹으면 요즘 크게 문제가 되는 중금속 성분을 중화시킬 수 있어요. 또 면역력을 높여 감기 예방에 좋고, 난폭한 성격을 차분하게 하지요. 섬유질이 많은 잡곡밥은 변비 예방뿐 아니라 꼭꼭 씹어야 하므로 과식을 막아 비만도 예방할 수 있답니다.

그럼 건강 식단을 위해서 줄이거나 늘려야 하는 식품은 무엇일까요? 먼저 식탁에서 줄이거나 빼야 할 식품은 건강을 해치는 설탕, 흰 쌀밥, 소금, 밀가루, 식용유, 라면 같은 인스턴트식품이에요.

반면 우리 몸을 건강하게 하는 콩, 다시마나 미역 같은 해조류, 섬유질, 등푸른생선, 발효 식품, 현미 등은 더 많이 먹어야 할 식품이랍니다.

날씬해지는 생활 습관

❶ 아침 식사는 꼭 챙겨 먹는다.

❷ 달콤한 과자는 식후에 디저트로 먹는다.

❸ 하루 세끼, 매일 일정한 시간에 규칙적으로 먹는다.

❹ 식사할 때는 채소가 많이 들어간 음식부터 먹는다.

❺ TV를 보면서 먹지 않는다.

❻ 먹을 만큼 작은 그릇에 덜어 먹는다.

❼ 늦어도 10시에는 잠자리에 든다.

❽ 야외 활동 시간을 늘린다.

❾ 매일 운동한다.

❿ 물을 많이 마신다.

뚱뚱이 음식 VS 날씬이 음식

다음 음식을 뚱뚱이 음식과 날씬이 음식으로 나눠 보세요.

생선구이	피자	닭 가슴살	샐러드	과자	빵
짜장면	미역국	흰 쌀밥	치킨	두부 부침	콜라
잡곡밥	김	칼국수	초콜릿	채소볶음밥	

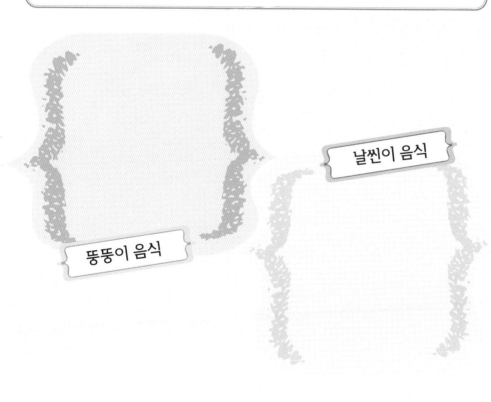

뚱뚱이 음식

날씬이 음식

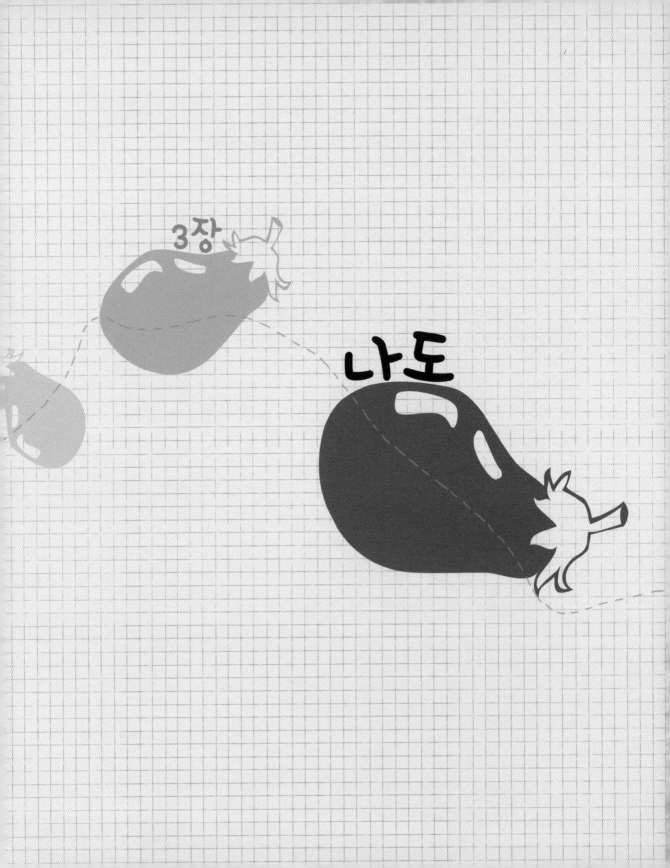

1. 건강한 친구를 찾으라고?

"윤창민! 보건 선생님께서 오래."

"나? 왜?"

"몰라."

사실 지난번 보건실에 갔을 때 선생님께서 일주일 뒤에 다시 오라고 했는데, 지금까지 안 가고 있었다. 선생님께서 무슨 말을 할지 걱정이 되기도 했고, 좀 귀찮기도 했기 때문이다.

'에잇, 왜 귀찮게 오라고 하시는 거야.'

나는 궁시렁궁시렁 하며 내키지 않는 발걸음으로 보건실로 갔다.

똑. 똑. 똑.

"네, 들어오세요."

드르륵.

"안녕하세요, 선생님."

책상 앞에 앉아 있던 선생님께서 나를 보고 활짝 웃었다. 궁시렁거린 것이 마음에 좀 찔렸다.

"어서 와. 창민아, 잘 지냈어?"

내 목소리는 기어들어갔다.

"네."

"선생님이 창민이한테 부탁을 좀 하려고 하는데, 괜찮을까?"

어, 왜 찾아오지 않았느냐고 혼이 날 줄 알았는데 그게 아니었다. 나는 갑자기 기분이 좋아졌다.

"네. 도와드릴 수 있어요."

"고마워. 선생님이 자료를 정리해야 하는데 창민이가 좀 도와줬으면 해서."

나는 선생님의 말씀에 '휴, 다행이다.' 하고 혼잣말을 했다.

"우리 학교 3학년 학생들의 건강상태를 확인하려고 하는데, 너희 반을 모델로 하려고 해. 선생님이 목록을 줄 테니까 일주일 동안 친구들을 살펴보고 적합한 친구의 이름을 여기 적어 줄래? 담임 선생님께 부탁 말씀드렸으니까 반 친구들에게 얘기해 주실 거야."

"네, 알겠습니다. 뭐 쉬운데요."

건강한 생활습관이 건강한 몸과 마음을
만든다는 건 친구들도 이제 다 알겠죠?
나에게 적합한 운동과 올바른 식사습관이야말로
건강하게 사는 가장 쉬운 비법이에요.

그러기 위해서는 편식하지 않고 음식을 골고루 먹는 것이 가장 먼저 해야 하는 일이에요. 왜냐하면, 음식물이 하는 일이 모두 각각 다르기 때문이죠. 어느 것 하나라도 부족해지면 건강하게 살 수 없어요.

우리 몸의 체온을 유지하면서 에너지를 만드는 탄수화물과 지방, 피와 근육을 만들어 우리 몸을 쑥쑥 자라게 하는 생선, 고기, 달걀, 두부 같은 단백질, 뼈와 이를 만들고 병으로부터 우리 몸을 지키는 채소, 우유, 멸치, 과일, 해초 같은 칼슘, 비타민이나 무기질 등 어느 것 하나라도 없으면 우리 몸이 제대로 자랄 수 없답니다.

이제 어떤 친구가 건강한 친구인지 창민이와 찾으러 갈까요?

건강한 친구의 특징

건강한 친구

❶ 감기에 잘 걸리지 않는다.

❷ 지각, 결석, 조퇴가 거의 없다.

❸ 친구들과 사이좋게 지낸다.

❹ 긍정적이며 스트레스에 큰 영향을 받지 않는다.

❺ 신경질을 잘 내지 않는다.

건강하지 못한 친구

❶ 조금만 움직여도 피곤해 하고, 자주 아프다.

❷ 결석, 지각, 조퇴를 많이 한다.

❸ 친구들과 잘 사귀지 못한다.

❹ 부정적이며 작은 일에 스트레스를 많이 받는다.

❺ 예민하며 짜증을 자주 낸다.

비만도 계산법

실측체중 ÷ 신장별 표준체중 × 100% (정상 범위는 80~119%)

우리 반 건강이를 찾아라!

감기에 자주 걸리지 않는 친구

긍정적이며, 스트레스를
잘 안 받는 친구

우리 반 최고의 건강이

친구들과 잘 어울리는 친구

운동을 잘하는 친구

 나도 건강이가 될 테야!

일주일 내내 친구들만 쳐다보고 있었더니 애들의 새로운 모습을 보게 됐다. 덩치가 커서 건강하다고 생각했던 형우는 고기만 좋아하고 편식이 심했다. 그러고 보니 그 큰 덩치가 다 살이었다. 키가 큰 건 아빠 엄마가 다 키가 크기 때문이란다.

신경질쟁이 민석이는 항상 사탕을 달고 산다. 민석이 가방에는 각종 사탕이 다 들어 있는 것 같다. 새침데기 세정이는 진짜 조금 먹는다. 그래서 그런지 툭하면 힘들다고 체육도 안 한다.

가만 지켜보니 역시 연우가 최고였다. 급식으로 어떤 반찬이 나와도 골고루 다 먹었다. 지각도 하지 않고, 친구들과 사이좋게 지냈다. 공부도 잘하고, 체육 시간에는 누구보다 열심히 했다. 난 지금까지 연우가 크게 소리 지르며 화내는 걸 본 적이 없다. 그게 다 식습관 때문이었을까?

집에 오는데 갑자기 마음이 울적해졌다. 난 편식대장에 툭하면 피곤하다고 잠자기 일쑤고, 운동이라면 귀찮아서 어떻게든 피하려고 했다. 당연히 내 이름은 쓸 데가 없었다. 아이, 이게 뭐야!

형우
덩치가 콤

"너, 창민이지?"

깜짝 놀라 걸음을 멈췄다. 눈앞에 주은이가 서 있었다. 주은이는 유치원에 다닐 때 창민이가 좋아했던 짝꿍이다. 주은이가 이사를 하는 바람에 그동안 볼 수 없었다.

"어, 주은아!"

그런데 주은이는 그동안 키가 훌쩍 큰 모양이다. 옆으로 찌기만 한 내 모습이 갑자기 부끄러워졌다.

"여긴 어떻게 왔어?"

"응. 엄마 아는 분 댁에 놀러 왔어. 넌 여기서 혼자 뭐해?"

"아니, 그냥 좀……."

"잘 지냈지? 너 근데 살이 좀 찐 거 같은데?"

난 얼굴이 빨개졌다. 그때 주은이를 부르는 소리가 들렸다.

"엄마가 부르네. 창민아, 연락해. 만나서 반가웠어."

나는 긴 머리를 팔랑거리며 뛰어가는 주은이를 한참 쳐다봤다. 아주 커다란 망치로 한 대 맞은 것 같았다.

'지금 주은이가 나보고 돼지라고 한 거지? 으악, 싫어~.'

머리카락은 하루에 0.3~0.5mm 만큼 자라서 한 달이면 1~1.5cm 정도 자라요. 이처럼 친구들의 키나 몸도 쑥쑥 자라요.

우리 몸을 구성하는 단위를 '세포'라고 해요. 키가 크고, 몸이 커지는 건 바로 이 세포의 수가 늘어나는 거예요. 그리고 이런 세포를 만드는 역할을 하는 게 음식이에요.

충분한 영양이 공급되어야 키가 크는 게 맞지만, 창민이처럼 무조건 고기만 많이 먹는다고 키가 크는 건 아니에요. 오히려 체중만 늘어날 뿐이지요. 키가 크려면 단백질도 필요하지만, 칼슘과 비타민도 꾸준하게 먹어야 해요.

또 운동도 열심히 하고 잠도 잘 자야 하지요. 특히 성장 호르몬이 나오는 밤 10시~새벽 2시 사이에는 꼭 잠을 자야 키가 쑥쑥 크는 데 도움이 된답니다.

쑥쑥 키가 자라는 음식

우유

성장에 꼭 필요한 칼슘과 단백질을 가장 쉽게 먹을 수 있다.

고등어

오메가3라는 물질이 많이 들어 있어 성장발육에 좋고, DHA 생성과 활성으로 머리를 좋게 한다.

두부

밭에서 나는 소고기라고 불릴 정도로 몸에 필요한 영양소가 많다. 특히 질 좋은 단백질이 풍부해 많이 먹어도 몸에 좋다.

해조류

칼슘이 많이 들어 있어 몸속 나쁜 독소를 배출하는 역할을 한다.

과일, 채소

다른 영양소의 흡수를 돕고, 면역력을 키우는 비타민을 섭취할 수 있다.

달걀

풍부한 단백질과 비타민이 들어 있다.

건강이가 되기 위한 목표 세우기

목표

나는 무엇이 문제일까?

❶

❷

❸

꼭 실천할 테야!

❶

❷

❸

❹

❺

식사 일기로 정말 바뀔까?

나는 속이 상해 어쩔 줄 몰랐다. 뭔가 고쳐야 할 것 같은데 어떻게 고쳐야 할지 모르겠다. 책상 앞에서 하도 머리를 쥐어뜯고 있으니까 엄마가 걱정되었던 모양이다.

"창민아, 잠깐 나와 볼래?"

나는 잠깐 망설이다 거실로 나갔다. 뭐 안 나간다고 뾰족한 수가 있는 것도 아니니까.

"창민아, 너 배 아프다고 하더니 괜찮아?"

"응. 근데 할아버지 오셨을 때는 화장실도 잘 가고 배도 덜 아팠는데, 가시고 나니까 또 배가 아프고 화장실 가기가 힘들어요."

"창민아, 왜 그런 것 같아?"

"글쎄, 할아버지 건강 식단 때문인가? 내가 싫어하는 게 많아서 먹기 정말 힘들었는데, 똥을 누는 건 더 쉬웠거든요."

"맞아, 할아버지가 계셨을 때는 우리 창민이가 적은 양이라도 싫어하는 채소까지 골고루 먹어서 그런 거야. 고기도 덜 찾고, 즉석 음식도 덜 먹으니까 소화가 잘 됐던 거지."

난 엄마와 이야기를 끝내고 연우를 찾아갔다. 사실 지난번에 준 식사 일기장을 그대로 처박아 두었기 때문이다. 어떻게 쓰는지 좀 더 자세히 물어봐야 할 것 같았다.

"연우야, 그때 네가 준 식사 일기라는 거 있지?"

"응. 그거 써 봤어?"

"아니, 사실 아직 안 썼어. 오늘부터 쓰려고. 식사 일기 쓰면 좀 달라질까?"

연우는 그 말을 듣더니 씩 웃었다.

"일단 써 봐. 나도 식사 일기 쓰고 나서 정말 많이 바뀌었는걸?"

"그래? 어떻게 쓰는 거야?"

"쓰다 보면 창민이 네가 무의식적으로 얼마나 자주 그리고 많이 먹는지 알 수 있어. 그럼 네 행동을 바꾸는 데 큰 도움이 될 거야."

"난 물만 먹어도 살이 쪄요."

"많이 먹지도 않는데, 난 왜 이렇게 뚱뚱하죠."

이렇게 말하는 친구들이 많아요. 이런 친구들은 사실 식사 시간 외에 간식으로 먹은 것들을 기억하지 못하는 거예요. 아마 친구들도 자기가 하루에 무엇을 얼마나 먹었는지 잘 기억하지 못하고 있을 거예요.

이럴 때는 음식을 먹을 때마다 식사 일기를 쓰면 좋아요. 식사 일기에는 한 끼 식단과 함께 간식으로 먹은 것들을 적기 때문에 종일 어떤 음식을 얼마나 먹었는지 한눈에 확인할 수 있지요.

또 잘못된 식사습관은 물론 부족한 영양소가 무엇인지도 쉽게 파악할 수 있어 바른 식사습관을 잡는 기초가 될 수 있답니다.

자, 오늘부터 친구들도 식사 일기를 써 볼까요?

식사 일기는 어떻게 쓸까?

☑ **식단 및 식사량을 정확하게 적는다**
식단만 적게 되면 얼마나 먹었는지 알 수 없으므로 과자 한 조각이라도 먹은 것을 정확하게 적도록 노력한다.

☑ **식사 시작과 끝난 시간을 적는다**
식사 시간을 기록하면 규칙적인 시간에 식사할 수 있고, 급히 먹는 습관을 고칠 수 있어 좋다.

☑ **어디서 누구와 먹었는지 기록한다**
어디서 누구와 먹었는지 기록하여 정해진 장소에서 먹는 습관을 들이도록 한다. 음식을 먹으며 다른 활동을 함께하지 않도록 한다.

☑ **평가의 시간을 가진다**
그날그날 식사 일기가 마무리되면 스스로 잘한 부분이나 잘못한 부분을 평가하여 잘못된 부분을 고쳐나갈 수 있도록 한다.

식사 일기를 써요!

구분	식단 및 식사량	시간	누구랑 어디서	월 일 요일 평가
아침				
간식				
점심				
간식				
저녁				
간식				

4. 내가 이걸 다 먹었다고?

오늘이 식사 일기를 쓴 지 3일째다. 첫날엔 먹은 걸 다 써놓고 놀 랐다. 내가 봐도 엄청나게 먹었기 때문이다. 그것도 순 살찌는 것 만……. 난 밥만 적게 먹으면 살이 안 찌는 줄 알았다.

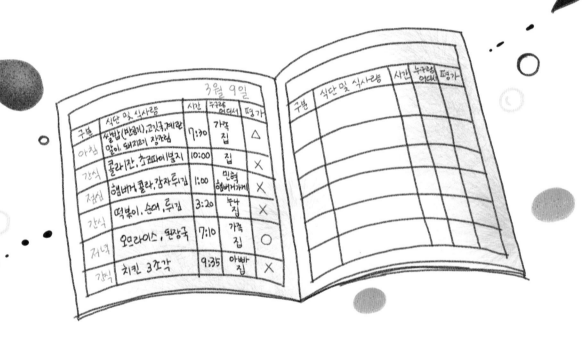

구분	식단 및 식사량	시간	누구랑 어디서	평가
아침	쌀밥(반공기), 고깃국, 계란 말이, 돼지고기 장조림	7:30	가족 집	△
간식	콜라1잔, 초코파이봉지	10:00	집	×
점심	햄버거, 콜라, 감자튀김	1:00	민혁 햄버거가게	×
간식	떡볶이, 순대, 튀김	3:20	누나 집	×
저녁	오므라이스, 된장국	7:10	가족 집	○
간식	치킨 3조각	9:35	아빠 집	×

더 놀란 건 도대체 채소랑 과일은 먹을 생각을 안 하는 거다. 분 명 엄마가 같이 주는데도 난 손도 안 댄다. 그러면서도 난 먹는 줄

알았다. 어제도 별다르지 않았다.

오늘은 치킨이 먹고 싶은 걸 꾹 참았다. 아침을 먹고 나면 바로 냉장고 앞으로 달려가 음료수를 꺼내 마셨는데, 오늘은 엄마가 끓여주신 현미차를 마셨다. 생각보다 고소했다.

물이라면 당연히 음료수를 마시던 나였는데, 그런 내가 물을 마시는 게 이상했던 모양이다. 누나가 그런 나를 물끄러미 보더니 한마디 한다.

"너 무슨 일 있니? 돈가스는 손도 안 대고, 게다가 음료수 대신 물을 마시니 말이야."

"무슨 일은, 아무 일도 없어."

"우리 창민이가 요즘 철든 모양이야. 그래서 엄마도 음료수 같은 거 사놓지 않으려고. 너도 누나니까 창민이 칭찬해 줘."

엄마가 기쁜 표정으로 말했다. 엄마가 식사 시간에 날 칭찬하는 게 몇 억 년 만인지 모르겠다.

갑자기 먹는 양이 줄어서인지 기운이 없다.

'배! 고! 파!'

눈앞에 햄버거가 둥둥 떠다닌다. 아니 저건 짜장면이다.

치킨, 피자, 콜라, 감자칩……

'아, 참아야 해.'

살이 찌는 이유는 사실 간단해요. 먹는 양보다 몸을 움직여 소모하는 양이 적기 때문이에요. 결국, 더 많이 움직이고, 더 많이 운동하여 몸에 축적된 지방을 없애면 비만은 사라지는 거예요.

사실 친구들은 아직 어리기 때문에 다이어트를 한다는 것은 맞지 않아요. 성장기인 우리 친구들은 적절한 음식 섭취와 규칙적인 운동만 하면 비만이 될 리 없거든요. 다만 이미 비만이 된 친구들은 건강을 위해 다이어트가 필요해요.

하지만 무턱대고 하다 보면 오히려 성장에 방해되고 건강까지 해칠 수 있어요. 지금부터 우리가 잘못 알고 있는 다이어트 방법을 살펴봐요.

첫째, 무조건 굶으면 살이 빠진다.

무조건 굶으면 아마 당장은 살이 빠질 거예요. 하지만 살만 빠지는게 아니라 우리 몸을 지탱하는 근육도 사라저 건상까지 잃게 돼요. 다이어트는 안 먹는 게 아니라 먹는 양을 조절하는 거예요.

둘째, 한 가지 음식만 먹으면 살이 빠진다.

다이어트를 하는 가장 큰 이유는 건강 때문이에요. 그런데 영양소를 골고루 섭취하지 않고 한 가지 음식만 먹다 보면 몸의 균형이 깨져 자주 아프고, 성장을 멈추게 할 수도 있어요. 꼭 골고루 먹어야 해요.

셋째, 불규칙한 생활을 한다.

아무리 훌륭한 다이어트 프로그램이 있다고 해도 생활이 불규칙하다면 소용이 없어요. 일찍 자고 일찍 일어나는 습관, 정해진 시간에 골고루 먹는 식사습관, 자신에게 맞는 적절한 운동을 하는 습관이 건강하게 살을 빼는 비법이에요.

넷째, 채소는 무조건 많이 먹어도 된다.

평소 먹던 양보다 식사량을 줄이다 보면 처음에는 배고픔을 느끼는 것은 당연해요. 이럴 때는 다양한 색과 맛을 가진 채소를 충분히 먹는 것이 좋아요. 하지만 드레싱이나 소스 등은 생각보다 열량이 높아 도리어 역효과를 낼 수 있다는 것을 잊지 마세요.

건강한 다이어트

❶ 자신에게 맞는 적정한 목표 체중을 정한다. 처음부터 욕심을 부리면 중간에 포기하게 되는 이유가 될 수 있다.

❷ 하루 세끼를 꼭 챙겨 먹는다.

❸ 반찬을 골고루 먹어 영양소에 불균형을 막는다.

❹ 간식이나 야식은 되도록 먹지 않는다.

❺ 비타민, 무기질이 많이 든 채소와 과일을 충분히 먹는다.

❻ 물을 자주 마신다.

❼ 하루에 30분 이상 운동한다.

❽ 자기 전 3시간 전부터 되도록 먹지 않는다.

깜짝 열량 이야기

무심코 마신 음료수 1잔의 열량은 걷기 41분
자전거 타기 35분
축구 26분
등산 17분 동안
운동하여 소모되는 열량과 같답니다.

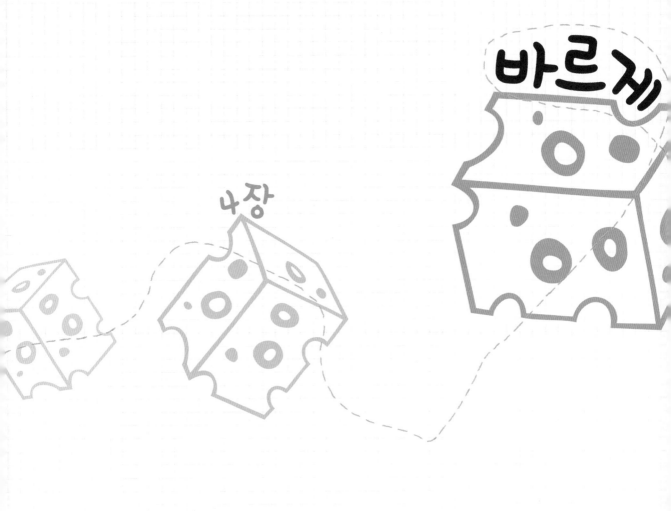

4장

바르쩨

먹어야 건강해!

1. 천천히 꼭꼭 씹기

"지원아, 창민아! 일어나!"

"아이, 오늘은 일요일인데 왜 그래요."

누나가 투덜댔다.

"알아, 일요일인 거. 그래도 일어나."

나는 엄마가 오기 전에 일어나 창문을 활짝 열어 두었다.

"어, 창민이는 일어났네?"

엄마는 나를 보고 빙그레 웃고는 주방으로 가셨다.

"다들 밥 먹자."

식탁 위에는 잡곡밥에 홍합미역국, 제육볶음, 콩나물무침, 배추 김치까지 한 상 가득 차려져 있었다.

"어? 엄마, 일요일인데 웬일로 밥이에요?"

누나 말에 내가 잘난 척을 좀 했다.

"아침이 머리를 똑똑하게 만든대. 엄마 잘 먹겠습니다."

"오, 윤창민. 제법 똑똑한 얘길 하는데?"

옆에서 듣고 계시던 아빠가 말했다.

"그래, 아침을 먹지 않으면 우리 몸을 움직이는 연료가 부족해 뇌가 활발하게 활동할 수 없단다. 그러니 무슨 일을 해도 능률이 오르지 않지. 특히 너희같은 아이들에게 아침은 꼭 필요하단다."

나는 밥을 국에 말아 후루룩 마시듯이 먹었다. 별로 좋아하지 않는 국이라 얼른 먹고 고기를 먹을 생각이었다.

"창민아, 밥은 제대로 씹어서 먹는 거니?"

엄마가 걱정스러운 듯 물었다.

"국에 말아서 그냥 먹어도 돼. 씹을 것도 없어."

"창민아, 밥 먹을 때 골고루 먹는 것만큼 중요한 게 뭘까?"

"너무 많이 안 먹는 거."

"그것도 맞지만, 천천히 꼭꼭 씹어서 먹는 거야. 잘 씹지 않으면 소화가 잘 되지 않고, 그럼 좋은 영양소가 우리 몸으로 흡수되지 못하거든. 그리고 잘 씹으면 더 고소하고 단맛이 난단다."

엄마 말에 밥 한 숟가락을 입에 넣고 천천히 꼭꼭 씹어 봤다.

'어라, 밥만 먹었는데 단맛이 나네.'

씹기는 번거로웠지만 더 맛있었다. 음, 고기도 천천히 씹어볼까?

좋은 음식을 많이 먹기만 하면 건강해질까요? 정답은 '땡'이에요. 음식은 제대로 먹는 게 가장 중요한데, 그 기본이 바로 씹기랍니다.

급식을 먹을 때 어떤 친구는 한꺼번에 음식을 입속에 잔뜩 넣고는 몇 번 우물거리다 삼켜 버리고, 어떤 친구는 반찬을 골고루 먹으면서 천천히 꼭꼭 씹는 친구가 있어요. 과연 어떤 친구의 식사 방법이 좋을까요?

'딩동댕' 맞았어요. 꼭꼭 잘 씹어 먹는 친구예요. 입안에 들어간 음식을 천천히 잘 씹으면 음식의 맛을 제대로 느낄 수 있고, 입안에서 침이 나와 탄수화물의 흡수를 돕게 돼요. 또 잘게 부서진 음식물은 위나 장에서도 잘 소화되어 영양분 흡수를 쉽게 한답니다.

Tip

얼마나 씹는 게 좋을까?　　연한 두부나 달걀부침은 10회
밥이나 빵은 20회
섬유질이 많은 채소나 과일은 30회

꼭꼭 씹으면 좋은 이유

1 소화가 잘 된다
음식물을 씹으며 잘게 만드는 과정에서 음식물과 침이 섞이면서 소화가 잘 될 수 있도록 돕는다.

2 미각이 발달한다
음식물이 입속에 오래 머물게 되어 혀에서 맛을 느낄 수 있는 시간이 길어져 미각이 발달한다.

3 과식과 비만을 예방한다
식사 속도가 빠르면 포만감을 느끼지 못해 과식하게 되고, 과식은 비만으로 이어질 수 있으므로 천천히 잘 씹도록 한다.

4 기억력이 좋아진다
음식물을 씹으며 근육을 움직이면 뇌에 자극을 주게 되어 기억력이 좋아진다.

식사 시간 그래프 그리기

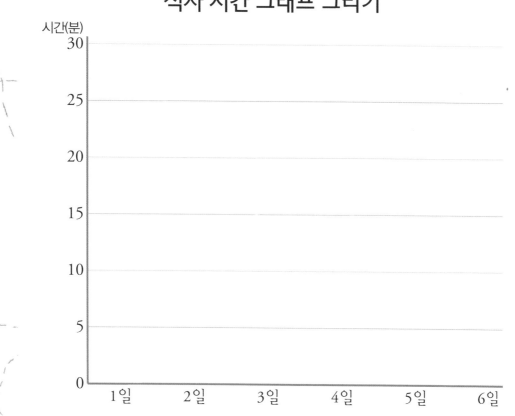

천천히 꼭꼭 씹기

❶ 가족과 함께 대화하며 먹는다.
❷ 음식을 씹으며 20까지 세어 본다.
❸ 식사 시간을 적어 시간을 점차 늘려간다.

2. 규칙적인 생활습관 갖기

식탁에 앉아 밥을 먹기는 했지만 사실 내 마음과는 다르게 잘 먹을 수가 없었다. 그나마 제육볶음이 있어 다행이었지만 다른 반찬은 영 맛이 없다. 나는 시금치나물 가운데 가장 가느다란 걸 하나 집어서 밥 위에 올려놓고 쳐다만 보고 있었다.

'이걸 먹어? 말아?'

"창민아."

엄마가 부르는 소리에 화들짝 놀랐다.

"네. 먹어요, 먹을게요."

하지만 혼을 낼 줄 알았던 엄마의 목소리는 부드러웠다.

"창민아, 한꺼번에 다 고치는 건 어려울 거야. 지난번 할아버지 오셨을 때 한 번 해보니 괜찮았지? 천천히 바꿔 가면 돼. 어떻게 한 번에 다 잘 먹을 수 있어. 조금씩 입맛을 바꿔 보자. 대신 우리 생활습관을 규칙적으로 바꿔 보는 건 어떨까?"

"생활습관을 바꾼다고요? 어떻게요?"

내가 깜짝 놀라서 물었다.

"그건 너랑 누나 스스로 계획을 세웠으면 좋겠어. 엄마가 하라고 하는 것보다 너희가 할 수 있는 만큼 계획표를 짜고 조금씩 바꿔 나가는 게 더 좋다고 생각해. 대신 엄마도 더 부지런해질게."

옆에서 듣고 계시던 아빠도 기분 좋게 한마디 하셨다.

"이거 우리 집이 확 바뀌겠는걸. 좋아. 그럼 아빠도 저녁 늦게 야식을 사오는 건 그만하고, 대신 주중에 두 번은 꼭 일찍 들어와 너희와 운동을 나갈게. 그리고 주말 아침엔 뒷산으로 등산 가자꾸나."

"정말이에요, 여보? 딱 내가 바라던 거예요."

운동이라는 말에 누나 얼굴이 살짝 찌푸려졌지만 나는 아주 좋았다. 아빠와 같이 운동하는 걸 얼마나 바랐는데…….

"마침 오늘 일요일이니까, 아침 먹고 산책하는 건 어때요?"

"조~~오치!"

건강하게 생활하기 위해서는 규칙적인 습관이 중요해요. 그중 운동은 꼭 필요한 습관 중 하나예요. 운동은 살이 찌는 것을 예방해 줄 뿐만 아니라 면역력을 높여 질병에 잘 걸리지 않게 해 주지요.

또 운동하면서 땀을 흘려 몸속에 있던 나쁜 노폐물들이 빠져나가 혈액순환이 잘 되고, 스트레스를 없애 정신적으로도 건강해지지요. 그리고 알맞은 운동은 성장판을 자극해 키가 크는데도 직접적인 도움을 주며, 성장 호르몬의 분비 역시 많아져요.

이처럼 성장에 도움이 되는 운동으로는 줄넘기, 달리기, 걷기, 스트레칭 등으로 하루 30분 정도 꾸준히 하는 게 좋아요. 운동으로 건강해지면 겉모습도 아름다워지지만 내면 또한 건강해져 행복한 삶을 살게 해준 답니다.

Tip

노폐물이란? 사람이 생명 유지를 위해 에너지를 만드는 과정에서 나오는 찌꺼기

나에게 맞는 운동 계획 세우기

1️⃣ 너무 거창한 계획은 세우지 않는다

처음부터 2시간씩 한다는 계획을 세우면 지키기 어렵다. 10분에서 시작해 조금씩 시간을 늘려 가도록 한다.

2️⃣ 운동 일기를 쓴다

계획을 세운 뒤 그에 맞춰 일기를 쓴다. 일주일이나 한 달 단위로 일기를 써 놓으면 어떤 운동을 했는지 한눈에 볼 수 있다.

3️⃣ 단시간에 효과를 기대하지 않는다

운동은 며칠 한다고 바로 효과가 나지 않는다. 꾸준히 오래 해야 몸도 건강하고 튼튼해진다.

4️⃣ 무리한 운동보다는 자신에게 맞는 운동으로 시작한다

남이 하는 운동이 멋있어 보인다고 나에게도 맞는 것은 아니다. 내 몸에 맞는 운동을 선택해 꾸준히 하는 것이 중요하다.

일주일 튼튼 운동 일기

날짜	운동	시간	평가
비고			

3. 참지 말고 조금씩 줄이기

　오늘은 며칠 전부터 연우네 집에서 놀기로 한 날이다. 연우가 태권도 학원이 끝나면 나를 데리러 오기로 했다.

　"창민아, 점심 안 먹어?"

　멍하니 방안에 앉아 있는데 엄마가 부르신다.

　"안 먹어요."

　점심 메뉴는 안 봐도 뻔했다. 라면이라면 얼마나 좋을까? 내 기분은 더 우울해졌다. 며칠 전 엄마와 시작한 생활습관을 바꾸는 일이 생각보다 힘들고 재미가 없었다. 먹고 싶은 것도 못 먹고……

　사실 아빠가 일찍 들어오셔서 축구도 하고 배드민턴도 하는 건 좋은데, 이런 날은 치킨이 더 먹고 싶어진다. 예전 같으면 집에 오는 길에 치킨이나 햄버거를 먹었을 텐데, 이세는 사달라는 말도 못하겠다.

　"아, 치킨 먹고 싶다."

얼마나 시간이 지났을까, 연우가 부르는 소리가 들렸다. 하지만 난 배가 고파 기운이 하나도 없다.

"들어와, 연우야."

"창민아, 가자."

"나 그냥 집에 있을래."

"어? 우리 엄마가 너 온다고 맛있는 거 해놓으신댔어. 가자."

맛있는 거란 소리에 난 자리에서 벌떡 일어났다.

"정말?"

연우네 집은 고소한 냄새로 가득했고, 식탁에는 햄버거랑 돈가스가 놓여 있었다.

"우와, 아줌마 저 이거 다 먹어도 돼요?"

연우 엄마는 빙그레 웃으면서 말했다.

"그럼, 창민이랑 연우 먹으라고 만든 거니까 많이 먹어."

"네, 감사합니다."

난 접시가 깨끗할 정도로 싹싹 먹어댔다. 평상시에 먹던 맛은 아니었지만 오랜만에 먹어서인지 아주 맛있었다. 그런데 너무 많이 먹었나? 배가 살살 아프기 시작한다.

슈퍼 튼튼 박사의 한마디

창민이가 그동안 먹고 싶은 음식을 참느라 많이 힘들었나 봐요. 친구들도 창민이 처럼 먹고 싶은 음식을 억지로 참았던 적이 있나요? 혹시 억지로 참다 보니 그 음식 생각으로 머리가 꽉 차 창민이처럼 폭식으로 이어지지는 않았나요?

이렇게 억지로 참다 보면 음식에 욕심이 생겨 한꺼번에 많이 먹게 돼요. 하지만 위가 한 번에 소화할 수 있는 양은 정해져 있어요. 그래서 더 먹을 수 없을 만큼 위가 꽉 차면 위벽이 한껏 늘어나 소화 운동을 할 수 없어 제대로 소화할 수 없게 되는 거예요.

또 이렇게 과식을 반복하다 보면 위가 늘어나 적당량으로는 포만감을 느낄 수 없어 많이 먹게 되고 비만이 될 수 있답니다.

좋아하는 음식이지만 건강에 좋지 않다면 횟수와 양을 줄여 보세요. 일주일에 3번 먹었다면 2번으로 줄이고, 먹는 양을 반으로 줄이는 거예요. 그다음 주에는 1번으로 줄이고 또 양을 반으로 줄여요. 그러면 억지로 참는 것보다 쉽게 음식을 줄일 수 있답니다.

과식을 막는 간단한 비법

1 먹던 그릇의 크기를 줄인다
지금까지 먹던 그릇의 크기보다 조금 작은 크기로 밥공기부터 바꾼다.

2 치킨, 피자 같은 간식을 먹을 때는 샐러드와 같이 먹는다
채소를 같이 먹으면 치킨이나 피자를 먹는 양을 줄일 수 있을 뿐만 아니라 몸에 필요한 영양소까지 섭취할 수 있다.

3 꼭꼭 씹어 천천히 먹는다
최소한 20분 이상 식사 시간을 갖는다는 생각으로 천천히 꼭꼭 씹어 먹는다.

4 식사 시간에는 식사만 한다
TV를 보거나 책을 읽는 등 식사와 관계없는 다른 행동을 하면 무의식적으로 많이 먹게 된다.

나는 왜 과식할까?

자신이 왜 과식을 하게 되는지 생각하며 체크해 보세요.

- ☐ 좋아하는 반찬이 있었다.
- ☐ 밥그릇이 크다.
- ☐ 스트레스를 받았다.
- ☐ 습관이 되어 항상 많이 먹는다.
- ☐ 밖에서 외식했다.
- ☐ 놀이(텔레비전 시청)하며 먹었다.
- ☐ 식사를 한 끼 굶었다.
- ☐ 식사 후 간식을 많이 먹었다.
- ☐ 음식을 제대로 씹지 않았다.
- ☐ 채소 반찬을 먹지 않았다.

4. 늦은 밤에 먹지 않기

"창민아, 연우네서 햄버거랑 돈가스 맛있게 먹었어?"

"어? 엄마가 그걸 어떻게 알았어요?"

"엄마는 다 알 수 있어. 근데 맛이 어땠어?"

"음, 엄마가 해주는 게 더 맛있지만, 그래도 맛있었어요."

"그래? 맛있었다니 다행이네. 그거 사실 엄마가 만들어준 거야."

"네? 엄마가 만들어준 거라고요?"

"그래. 두부햄버거랑 고구마돈가스 맛이 좋았다는 거지?"

"두부햄버거랑 고구마돈가스요?"

"네가 정말 많이 먹었다고 연우 엄마가 말하더라. 한꺼번에 너무 많이 먹으니까 속이 안 좋지."

"네. 맛있어서 한꺼번에 너무 많이 먹었나 봐요. 하지만 정말 맛있었어요."

마침 집으로 들어온 누나가 참견했다.

"엄마, 뭐? 뭐가 맛있다는 거야?"

"누나, 두부햄버거랑 고구마돈가스 진짜 맛있어."

"뭐라고? 두부햄버거, 고구마돈가스라고?"

"여기 지원이 것도 있어. 배고프지? 지원이도 먹어봐."

누나는 한 손에 포크를 들고는 노릇노릇 잘 구워진 돈가스 한 조각을 입으로 가져갔다. 한입 깨무는 순간 누나의 입에서는 감탄사가 절로 나왔다.

"어? 엄마, 생각보다 맛있네."

누나도 금세 접시를 비웠다. 엄마는 흐뭇한 표정으로 누나와 나를 바라봤다.

저녁에 치킨을 사서 이모가 집에 들르셨다. 아웅, 저 고소한 냄새. 내가 제일 좋아하는 양념치킨이다. 하지만 난 결심했다. 절대 밤에는 먹지 않기로 말이다.

"언니, 창민이 쟤 철든 거야?"

"우리 창민이가 언제는 철이 없었니? 이거 다시 너 가져가."

"우와. 정말? 알았어, 언니. 창민아, 진짜 멋진걸!"

이모 말에 갑자기 내 어깨가 저절로 으쓱해졌다.

야식은 말 그대로 저녁을 먹고 난 뒤 7시 이후 밤에 먹는 음식을 말해요. 사람의 몸은 해를 따라 변화하도록 만들어져 있어요. 그래서 낮에는 활동을 하고 밤이 되면 휴식을 해야 하는 거예요.

사람에게 가장 안 좋은 발명이 밤을 밝히는 '전기'라는 우스갯소리가 있을 만큼 밤늦도록 몸을 쉬지 않고 활동하는 건 건강을 많이 해치는 일이에요.

잘 쉬어야 할 저녁에 음식을 먹게 되면 뇌나 위가 쉬지 못하고 일을 할 수밖에 없어 몸이 피곤해지는 거예요. 특히 야식으로 자주 먹는 피자·치킨은 고열량, 고지방 음식으로 대부분이 지방 형태로 친구들 몸에 남아 성인병이라고 생각했던 비만, 고혈압, 높은 콜레스테롤과 같은 소아 성인병의 원인이 될 수 있답니다.

야식을 줄이는 방법

꼭 먹어야 한다면 포장이 작은 것으로 구매한다
크기에 관계없이 한 그릇을 다 먹는다는 만족감을 느낄 수 있어 야식
양을 줄이는 데 도움이 된다.

취침시간에 맞춰 저녁 시간을 바꾼다
위에서 소화하는데 3시간 정도가 필요하므로 취침시간에 맞춰 저녁 먹
는 시간을 조절하면 야식에 대한 생각을 줄일 수 있다.

먹을 때는 정해진 자리에 앉아서 먹는다
왔다 갔다 하면서 먹거나 TV를 보면서 먹으면 뭘 먹고 있는지 얼마나
먹었는지도 알기 어렵다.

계획을 세워서 시간을 보낸다
아무 계획이 없으면 아무래도 먹고 싶은 생각이 더 든다. 운동을 한다
거나 책을 읽는다거나 자신이 좋아하는 일로 계획을 세운다.

음식마다 다른 운동 시간

피자 1조각
농구 1시간

초콜릿 1개
걷기 1시간 15분

짜장면 1인분
축구 2시간 6분

라면 1개
배드민턴 1시간 50분

아이스크림 1개
계단오르내리기 45분

콜라 · 사이다 1캔
빨리걷기 34분

김밥 1줄
수영 48분

햄버거 1개
줄넘기 1시간

떡볶이 1인분
자전거 1시간 15분

5. 먹기 전에 손 씻기!

운동을 시작하고 조금씩 늘리던 시간이 이제는 하루에 한 시간은 거뜬해졌다. 노력하면 된다는 말이 정말 실감난다. 아직 좋아하는 것은 아니지만, 편식이 많이 줄었다고 엄마가 정말 기뻐하신다.

그러나 내가 제일 좋은 건 매일 아침 화장실을 간다는 거다. 진짜 속이 편하다. 하지만 아직 배가 완전히 줄지 않았는지 여전히 나는 자주 배가 고프다. 흑흑.

"엄마, 다녀왔습니다."

집에 들어오기 무섭게 냉장고 문부터 열었다. 옆에 계시던 엄마가 나를 보고 물었다.

"창민아, 너 잊어버린 거 없니?"

"아, 맞다. 손 씻고 올게요."

이제 손발쯤은 깨끗하게 잘 씻는다. 깨끗해진 나를 보고 기어이 누나가 끼어든다.

"창민이 너 많이 변했다. 나갔다 와서 씻기도 하고 말이야."

"나 원래 잘 씻거든. 누나가 더러운 거지."

"뭐라고? 내가 왜 더러워?"

"치, 몰라서 물어? 누나는 양치질을 잘 안 하잖아. 그러니까 더럽지!"

"아침, 저녁 두 번이나 한다고. 더 어떻게 해?"

"밥 먹고 나면 양치해야 하는 것도 몰라?"

누나와 내가 싸우는 모습을 보고 엄마는 화를 내기보다 웃었다. 엄마는 한 달 사이에 바뀐 우리들 모습이 마냥 기특하다고 하셨다.

"얘들아, 그만 싸워. 손 다 씻었어?"

씩씩. 아직 화가 덜 풀린 나는 냉장고에서 우유를 꺼내 컵에 따라 들고는 방으로 들어가 버렸다.

"엄마, 쟤 누구 닮았어요? 누나한테 만날 대들고."

"창민이? 네 동생이니까 너 닮았지. 너랑 똑같은데 뭐."

"아니야. 뭐가 나 닮았어? 난 안 저렇다고!"

외출에서 집으로 돌아와 가장 먼저 해야 할 일이 바로 손 씻기예요. 손 씻는 건 왠지 무척 귀찮은 일 같다는 생각이 들 때가 있어요. 아무리 봐도 손이 깨끗하거든요. 아무것도 묻지 않았는데 엄마는 왜 자꾸 손을 씻으라고 잔소리를 할까요?

그건 보이지 않는 세균이 가장 많은 곳이 바로 손이기 때문이에요. 손만 잘 씻으면 감기는 물론이고, 눈병 같은 질환을 70%나 예방할 수 있거든요. 그러니 외출에서 돌아와서 바로, 밥 먹기 전 그리고 용변을 본 후에는 꼭 비누로 손을 깨끗이 씻어야 하는 거예요.

한 가지 더 식사나 달콤한 간식을 먹은 다음에 꼭 해야 할 일이 또 있어요. 바로 양치질이에요. 설마 입속에 이가 여러 개 있으니까 한두 개쯤 썩어도 된다고 생각하는 건 아니겠죠?

음식 찌꺼기가 남아 있는 입안은 세균이 번식하기 가장 좋은 곳이기 때문에 양치질은 친구들의 건강을 지킬 수 있는 가장 쉬운 예방법이랍니다.

반짝반짝 양치질하기

❶ 칫솔을 앞니에 대고
위아래로 닦기

❷ 왼쪽, 오른쪽 어금니에
칫솔을 넣고 위아래로 닦기

❸ 위쪽, 아래쪽 앞니 안에
칫솔을 넣고 닦기

❹ 왼쪽, 오른쪽 위아래
어금니 안쪽과 윗면 닦기

❺ 칫솔로 혓바닥 닦기

❻ 오글오글 하고 뱉어내기
(3회 정도 반복)

뽀드득 제대로 손 씻기

❶ 손바닥으로 거품을 낸다.

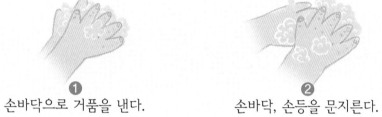

❷ 손바닥, 손등을 문지른다.

❸ 깍지를 끼고 비빈다.

❹ 엄지손가락을 돌려 문지른다.

❺ 손톱을 세워 문지른다.

❻ 흐르는 물에 헹군다.

일요일 아침이다. 나는 눈을 뜨자마자 벌떡 일어나 창문을 활짝 열었다. 우와, 신선한 공기. 아침에 마시는 신선한 공기는 기분을 정말 좋게 한다.

오늘은 아빠, 누나 그리고 모처럼 엄마까지 같이 산에 가기로 했다. 이번 주부터 가족농장을 시작하기로 했기 때문이다. 예전에는 몸을 움직이는 것도 싫었는데, 이제는 운동하는 것이 너무 즐겁다.

누나는 벌써 일어나 준비를 다한 모양이다.

"누나, 일찍 일어났네."

"응. 너도 일찍 일어났네."

"누나, 오늘 상추씨 뿌린다고 했지? 어디 있어?"

"벌써 현관 입구에 챙겨 놨어."

"역시 우리 누나야."

지난번 가족농장에 들러 일일체험한 농사일은 정말 힘들었다. 이깟 상추 하나, 배추 한 포기 그랬는데, 막상 내가 직접 땅을 갈고

배추를 뽑아 보니 얼마나 힘든지 그동안 했던 행동이 너무 부끄러웠다.

"애들아, 아침 먹자."

"네!"

누나와 나는 얼른 식탁으로 갔다. 아빠도 벌써 등산복 차림으로 앉아 계셨다.

"오늘은 든든히 먹고 나가야 하는 거 알지? 밥 한 톨도 고마운 마음을 가지고 먹어야 한다."

"네. 이제 옛날의 창민이는 잊어주세요. 전 멋지고 씩씩한 예의 바른 창민이랍니다."

"뭐? 하하하. 그래 우리 아들이 세상에서 제일 멋지고말고."

난 요즘 기분이 정말 좋다. 가족이 행복해서 좋고, 무엇보다 건강해진 내 모습이 가장 마음에 든다. 그래서 기분 최고다!

식사 예절을 지켜요

❶ 웃어른과 함께 식사할 때는 항상 웃어른이 수저를 든 다음 식사를 시작한다.

❷ 수저(숟가락과 젓가락)는 그릇 위에 걸쳐 놓지 않으며, 한 손에 함께 들고 사용하지 않는다.

❸ 국물 음식은 그릇째 들고 마시지 않으며, 숟가락으로 소리가 나지 않게 떠먹는다.

❹ 좋아하는 음식이라도 다른 사람을 위해 남겨두고, 반찬은 골고루 먹는다.

❺ 음식은 뒤적거리지 말고 한쪽에서 조금씩 먹고, 입속에 음식이 있을 때는 되도록 말하지 않는다.

❻ 식사 중에는 TV 또는 책을 보지 않으며, 즐거운 분위기가 될 수 있도록 대화를 나누며 다른 사람과 먹는 속도를 맞춘다.

❼ 재채기나 기침이 나올 때는 손으로 입을 막은 후 고개를 돌린다.

❽ 음식을 다 먹은 후에는 수저를 오른편에 가지런히 놓는다.

상차림을 도와요!

❶ 상을 차리기 전 먼저 손을 깨끗이 씻는다.

❷ 행주로 상을 깨끗이 닦는다.

❸ 웃어른 자리부터 순서대로 수저와 물컵, 개인 접시를 놓는다. 이 때 각자 것이 정해져 있다면 바뀌지 않도록 신경쓰도록 한다.

❹ 반찬을 놓을 때는 중심에 간장과 김치가 놓이도록 하여 여러 가지 반찬을 놓는다.

❺ 찌개는 여러 사람이 먹기 편하도록 중심에 놓고, 개인 접시에 떠 먹을 수 있도록 국자를 준비한다.

❻ 상차림이 끝나면 웃어른께 직접 식사 시간을 알린다.

❼ 식사가 끝난 후에는 감사의 인사를 하고, 정리를 돕는다.

2012년 5월 20일 초판 1쇄 발행 | 2012년 11월 10일 초판 3쇄 인쇄

글 김은정 | 그림 김은경

펴낸이 정태선
기획 · 편집 안경란 · 이소영 | 디자인 고정자 · 이상명 | 마케팅 김현우

펴낸곳 파란정원 | 출판등록 제395-2010-000070호
주소 서울시 서대문구 홍제동 90-15 2층 | 전화 02-6925-1628 | 팩스 02-723-1629 | 전자우편 eatingbooks@naver.com
출력 스크린출력 | 종이 진영지업 | 인쇄 조일문화 | 제본 동양실업

ⓒ 파란정원
ISBN 978-89-94813-19-6 63710
이 도서의 국립중앙도서관 출판시도서목록(CIP)은 e-CIP 홈페이지(http://www.nl.go.kr/ecip)에서
이용하실 수 있습니다.(CIP제어번호: CIP2012002169)